술술 읽고 척척 쓰는

초등 ③
마법의
한자책

김태완 선생님이 알려 주는 **문해력 기초 한자 300자**

술술 읽고 척척 쓰는
초등 ③ 마법의 한자책

김태완 지음 ● 권달 그림

성어람미디어

한자 공부, 문해력을 키우는 최고의 방법!

최근 어느 작가의 팬 사인회를 앞두고 예약을 받는 과정에서 문제가 있었나 봅니다. 그래서 주최 측에서 '예약 과정에서 불편을 끼쳐 드린 점, 심심한 사과를 드린다.'라고 공지를 했습니다. 그랬더니 예약을 신청했던 사람의 일부가 '나는 안 심심하다…….', '심심해서 사과한다는 말이냐?'라고 반응했다고 합니다.

여기서 '심심하다'라는 말은 '할 일이 없어 지루하고 따분하다'라는 뜻이 아니라는 사실 정도는 여러분도 알고 있겠지요?

이처럼 맥락을 잘 따라가지 못하거나 자기가 알고 있는 단어의 뜻에만 사로잡혀 내용을 미루어 짐작하지 못하고 엉뚱하게 받아들이는 예가 흔해졌습니다. SNS가 발달하면서 아주 짤막한 글자, 이모티콘 같은 기호로 빠르게 실시간 의사소통을 하다 보니 조금이라도 복잡한 내용의 말을 듣거나 긴 글을 읽으면 이해하기 어려워합니다. 이렇게 문해력과 관련한 문제를 해결하는 데 한자 공부가 많은 도움을 줄 수 있습니다.

우리에게 한자란 어떤 글자일까요? 한자는 중국어를 표기하는 문자일 뿐만 아니라 마치 유럽 여러 나라가 라틴 문자를 썼듯이 고대 동아시아 여러 나라에서 사용하던 국제 문자였습니다. 우리도 한글을 만들기 전에는 한자를 빌려 썼습니다. 그런 점에서 한자는 중국 글자이기는 하지만 우리 고전을 기록한 문자이기도 합니다.

한자는 우리의 역사, 문화 등에 큰 영향을 미쳤는데, 특히 언어생활에 미친 영향이 큽니다. 그래서 한자를 배우면 여러모로 유익합니다. 한자와 한문에서 유래한 우리말 어휘는 주로 글말에서 많이 쓰였고 또 지식인 계층에서 많이 쓰였기에 함축이나 압축, 은유와 같은 추상적 뜻을 가진 말을 표현하는 데 편리합니다.

이에 덧붙여서 말하자면, 한문을 알면 새로운 언어 세계에 들어가게 됩니다. 영어를 배우면 영어가 만들어 놓은 세계에 들어갈 수 있듯 한문을 배우면 한문이 만들어 놓은 세계에 들어갈 수 있습니다. 내가 다른 나라의 언어를 더 배우면 그만큼 나의 의식 세계가 넓어지는 것입니다. 우리가 외국 여행을 하면서 느끼는 기쁨을 또한 외국어 학습을 통해 외국어 세계에 들어감으로써 느낄 수 있습니다.

우리 주위에는 한자 공부와 한자 학습에 관한 책이 많습니다. 그런데 또 한 권의 한자 학습에 관한 책을 내놓습니다. 살짝 미안한 생각도 드네요!

이 책을 꾸미게 된 까닭은 어린 친구들을 한자의 세계에 좀 더 진지하게 초대하고 싶었기 때문입니다. 이 책은 한자를 한문이라는 언어를 이루는 말의 단위로서 익히자 하는 목표를 세우고 썼습니다. 대부분의 한자 학습 책은 부수를 앞에 내세우고 부수가 같은 글자를 모아서 설명하거나 아니면 어휘의 갈래에 따라 글자를 배열하고 있습니다. 한자 학습은 대부분 이 두 가지 방법으로 합니다.

이 책도 기존의 방법을 따르고는 있지만 어떤 경우에는 한자 학습을 용이하게 하기 위해 예외를 두기도 했습니다. 부수나 갈래가 다른 한자이더라도 글자끼리의 연상이나 이미지, 내용의 연결을 고려하여 단원을 구성하기도 했습니다.

또한 글자마다 맨 먼저 갑골문이나 금문에서 해당 글자가 처음 나타났을 때 어떤 모양이었고 어떤 뜻으로 쓰였는가 하는 점을 들었습니다. 그러나 이런 설명이 100퍼센트 옳다고 할 수는 없습니다. 가능한 한 그럴듯하고 많은 사람이 받아들일 수 있으며 시간이 흐르면서 갖게 된 뜻과 연관된 설명을 많이 참조하였습니다.

그러므로 이 책을 읽는 여러분은 제 설명을 무조건 옳은 것으로 받아들이지 말고 다르게 볼 수도 있지 않을까 하는 궁금증을 가지기 바랍니다. 여러분이 이 책으로 한자와 더 쉽게 가까워지고 나아가 한자를 익힌 뒤 한문의 세계로 들어갈 수 있기를 바랍니다.

끝으로 이 책의 원고를 미리 읽어 보고 귀한 조언을 해 준 강정욱, 강서호 군에게 고마운 마음을 전합니다.

무등산 아래 二不齋에서
김태완 씀

차례

머리말 · 4

슬기로운 한자 공부법 · 10

만화 고사성어는 한자 공부에
어떤 도움이 될까? · 12

'문자'의 유래를 알아볼까? · 14
　文 글월 문 · 15
　字 글자 자 · 16
　章 글 장 · 17
　車 수레 거/차 · 18
　時 때 시 · 19

'조개 패(貝)'는 쓸모가 많아 · 21
　貝 조개 패 · 22
　度 법도 도 · 23
　事 일 사 · 24
　科 과목 과 · 25
　實 넉넉할/열매 실 · 26

머리가 맨 위에 있으니 '으뜸' · 28
　元 으뜸/머리 원 · 29
　原 근원 원 · 30
　史 역사 사 · 31
　全 온전할 전 · 32
　部 거느릴 부 · 33

칼로 베고 나누어 이롭게 · 35
　刀 칼 도 · 36
　分 나눌 분 · 37
　利 이로울/날카로울 리/이 · 38
　衣 옷 의 · 39
　服 옷 복 · 40

작은 마을에서 한 나라의 수도까지 · 42
　京 서울 경 · 43
　市 저자 시 · 44
　邑 고을 읍 · 45
　郡 고을 군 · 46

만화 한자는 외국어일까? · 48

몇 집이 살아야 마을일까? · 50
　里 마을 리 · 51
　洞 골짜기 동 · 52
　寺 절 사 / 관청 시 · 53
　場 마당 장 · 54

나가거나 들어오거나 모이거나 · 56
出 날 출 · 57
入 들 입 · 58
合 합할 합 · 59
集 모일 집 · 60
會 모일 회 · 61

군자는 대로행이지 · 63
立 설 립 · 64
交 사귈 교 · 65
行 갈 행 · 66
登 오를 등 · 67
定 정할 정 · 68

'공'과 '사'는 구분하자 · 70
公 공변될 공 · 71
私 사사 사 · 72
新 새 신 · 73
古 옛 고 · 74

늙고, 병들고, 죽는다는 것 · 76
正 바를 정 · 77
美 아름다울 미 · 78
老 늙을 로/노 · 79
病 병 병 · 80
死 죽을 사 · 81

용기는 예스, 만용은 노! · 83
才 재주 재 · 84
勇 날랠 용 · 85
和 화할 화 · 86
幸 다행 행 · 87

실을 꼬고 모아서 유용하게 · 89
絲 실 사 · 90
線 실 선 · 91
紙 종이 지 · 92
綠 초록빛 록 · 93

입에 침이 고이니, 살았다! · 95
淸 맑을 청 · 96
活 살 활 · 97
沙 모래 사 · 98
溫 따뜻할 온 · 99

먹고 마시고 노래하라 · 101
食 밥 식 · 102
飮 마실 음 · 103
歌 노래 가 · 104

화장으로 얼굴을 꾸며 보자 · 106
化 될 화 · 107
代 대신할 대 · 108
信 믿을 신 · 109
作 지을 작 · 110

만화 한자를 왜 자꾸
　　 써 보아야 할까? · 112

누구나 편한 것을 좋아해 · 114

住 살 주 · 115
使 하여금/시킬 사 · 116
便 편할 편 · 117

모든 것은 '말'에서 시작되지 · 119

言 말씀 언 · 120
記 기록할 기 · 121
話 말할 화 · 122
訓 가르칠 훈 · 123
讀 읽을 독 · 124

생각하고 미워하고 정을 건네는 마음 · 126

思 생각할 사 · 127
惡 악할 악 · 128
情 뜻 정 · 129

'보일 시(示)'를 부수로 하는 글자들 · 131

示 보일 시 · 132
社 토지신/단체 사 · 133
神 귀신 신 · 134
福 복 복 · 135
禮 예도 례/예 · 136

은혜에 보답하는 것은 인지상정 · 138

孝 효도 효 · 139
書 글 서 · 140
現 나타날 현 · 141
答 답할 답 · 142
算 셀 산 · 143

나는 호모 파베르, 도구를 사용해 · 145

成 이룰 성 · 146
用 쓸 용 · 147
學 배울 학 · 148
敎 가르칠 교 · 149
通 통할 통 · 150

작용이 있으면 반작용도 있다 · 152

失 잃을 실 · 153
反 뒤집을 반 · 154
追 쫓을 추 · 155
發 쏠 발 · 156

나와 가까운 사람은 누구일까? · 158

樂 풍류 악/즐길 락(낙) · 159
親 친할/어버이 친 · 160
永 길 영 · 161
圓 둥글 원 · 162

만화 한자 공부를 왜 계속
    해야 할까? · 164

찾아보기 · 166

슬기로운 한자 공부법

이제 한자 공부를 시작할 마음의 준비가 되었겠지?
그럼 재미있고 신비로운 한자의 세계에 푹 빠져 보자!

등장 인물

콩선생
한자의 권위자.
국산 콩으로 추출한
커피를 즐기고
밥상에 콩나물, 두부 등
콩 요리가 올라와야
젓가락을 든다.
취미는 텃밭에서
콩 재배하기.

초린
호기심 많고
똑똑한 여자아이.
콩선생님으로부터
한자를 배우고 싶어
부모님을 졸라 옆집으로
이사 올 정도로
한자 공부에
열성적이다.

빈구
초린과 같은 반 남자아이.
초린과 친해지기 위해
한자에 관심 있는 척하지만
아는 건 없다.
그래도 가끔 깜짝 놀랄 만한
재치를 발휘한다.

단원 소개

단원별로 3~5개의 한자를 소개하며,
학습에 30분 정도의 시간이 걸리도록 구성했다.

단원 소개에서는
그 단원에 나오는
한자들 사이의 관계를
그림으로 설명한다.

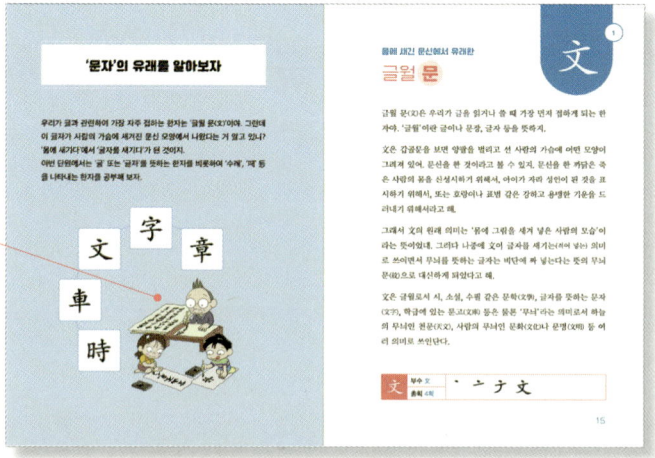

★ 진도를 나가면서 전에 배웠던 단원 소개를 반복해서 읽어 볼 것을 추천한다.

개별 한자 설명

한자의 의미가 역사나 문화 속에서 어떻게 사용되었는지 사례를 들어 살펴본다.

개별 한자가 처음에 어떤 모양에서 유래했고, 어떤 의미로 사용되었는지 설명한다.

한자 공부는 정확한 어순에 따라 반복적으로 써 보며 눈이 아니라 손으로 익혀야 한다.

모아 읽고 익히기

단원에서 소개한 한자들을 제대로 공부했는지 확인하는 단계이다.

이미 배운 한자는 한자로만 표기해서 단어 확장력을 높여 준다.

괄호 안에 앞에서 배운 한자의 뜻과 소리를 써 보고 답을 확인해 본다.

고사성어는 한자 공부에 어떤 도움이 될까?

'문자'의 유래를 알아볼까?

우리가 '글' 또는 '글자'와 관련하여 가장 자주 접하는 한자는 '글월 문(文)'이야. 그런데 이 글자가 가슴에 문신을 한 사람의 모습에서 나왔다는 거 알고 있니? '몸에 새기다'에서 '글자를 새기다'로 변한 것이지.

이번 단원에서는 '글' 또는 '글자'를 뜻하는 한자를 비롯하여 '수레', '때' 등을 나타내는 한자를 공부해 보자.

몸에 새긴 문신에서 유래한

글월 문(文)은 우리가 글을 읽거나 쓸 때 가장 먼저 접하게 되는 한자야. '글월'이란 글이나 문장, 글자 등을 뜻하지.

文은 갑골문을 보면 양팔을 벌리고 선 사람의 가슴에 어떤 모양이 그려져 있어. 문신을 한 것이라고 볼 수 있지. 문신을 한 까닭은 죽은 사람의 몸을 신성시하기 위해서, 아이가 자라 성인이 된 것을 표시하기 위해서, 또는 호랑이나 표범 같은 강하고 용맹한 기운을 드러내기 위해서 등 여러 가지로 추측해 볼 수 있어.

그래서 文의 원래 의미는 사람의 몸에 문신과 같은 무늬를 새겨 넣은 것이라고 할 수 있어. 그러다 나중에 文이 글자를 새기는(적어 넣는) 의미로 쓰이면서 무늬를 뜻하는 글자는 비단에 짜 넣는다는 뜻의 무늬 문(紋)으로 대신하게 되었다고 해.

文은 글월로서 시, 소설, 수필 같은 문학(文學), 글자를 뜻하는 문자(文字), 학급에 있는 문고(文庫) 등은 물론 '무늬'라는 의미로서 하늘의 무늬인 천문(天文), 사람의 무늬인 문화(文化)나 문명(文明) 등 여러 의미로 쓰인단다.

文	부수 文	、 亠 ナ 文
	총획 4획	

글을 담아내는 그릇
글자 자

글월 문(文)이 '글'이나 '문장' 등을 나타내는 글자라면, 글자 자(字)는 그 글이나 말을 적는 일정한 체계의 부호를 뜻하지. 글을 담아내는 그릇 같은 것이라고 할 수 있어.

여러분도 잘 알다시피 나라마다 쓰는 글자가 달라. 우리나라는 한글, 중국은 한자, 일본은 가나, 미국이나 영국, 유럽의 여러 나라는 로마자 알파벳 또는 알파벳에서 조금 글자 모양을 바꾼 문자를 사용하지.

字는 집 면(宀)과 아들 자(子)가 합쳐진 글자야. 집에 아들이 있다는 것은 '집에서 아이를 기르다'라는 의미이지. 지금도 字에 '기르다', '양육하다', '낳다'라는 뜻이 있는 것도 그 때문이야. 그러다 나중에 '글자' 또는 '문자'를 뜻하는 글자로 주로 쓰이게 되었어.

字가 들어간 한자는 많아. 1, 2, 3처럼 수를 나타내는 글자는 숫자(數字), 잘못 쓴 글자는 오자(誤字), 그리고 날짜는 일자(日字)라고도 하지. 또 옛날에는 어떤 사람을 이름 대신 자(字)나 호(號)로 친근하게 또는 공경하는 의미로 불렀단다.

字	부수 子	丶 丷 宀 宁 字 字
	총획 6획	

글을 나누는 구분의 하나
글

글 장(章) 역시 '글'이나 '문장'이라는 뜻을 가진 글자야. 글과 관련한 한자가 많으니 좀 복잡하지? 그래도 꼭 알아 두어야 하니 차근차근 공부해 보자.

앞에서 글월 문(文)이 가슴에 문신을 한 사람의 모습에서 유래했다고 했지? 章도 마찬가지야. 옛 글자를 보면 매울 신(辛) 아래에 둥근 표식이 있어. 辛은 원래 노예의 몸에 문신을 새기던 도구를 뜻하는 글자였어. 노예를 잡으면 이마나 몸에 자신의 소유임을 뜻하는 표식을 새겨 넣었거든. 章에도 이런 의미가 포함되어 있어.

또는 해가 새싹을 비추는 모습, 옥에 무늬를 새긴 모습, 소리(音)를 한 묶음(十)씩 묶어 기록한 것에서 유래했다고 보기도 해. 章에 '글'이나 '문장' 외에 악곡의 단락, 시문의 절, 기 또는 표지 등의 의미가 있는 것도 그 때문이야.

우리는 그중에서 글과 관련된 내용에 자주 써. 쉽게 말해 章은 글의 내용을 나누는 체계적인 구분의 하나야. 책이 다섯 개의 장으로 되어 있다고 할 때, 그 각각의 '장'을 가리키는 말이지.

| 章 | 부수 立 | 丶 亠 ㅗ 甴 立 产 音 音 音 |
| | 총획 11획 | 音 章 |

바퀴 달린 수레를 본뜬
수레 거 / 차

바퀴 달린 수레를 본떠 만든 글자야. 옛날 글자에는 양쪽 바퀴와 중간의 차체, 그리고 이를 가로지르는 굴대가 그려져 있었어. 지금도 글자를 옆으로 돌려 보면 두 개의 바퀴가 달린 수레가 연상이 돼.

바퀴의 발명은 인류의 문명을 발전시키는 데 아주 큰 역할을 했어. 고대 이집트에서 피라미드를 만들 때 큰 바위를 잘라서 옮겼는데, 이때 통나무 위에 바위를 놓고 굴리면 힘이 덜 들었다고 해. 이후 둥근 바퀴를 만들어서 무거운 물건을 옮기게 되었어. 나중에는 사람 대신 말이나 소 같은 짐승을 길들여서 수레를 끌게 했어. 지금은 자동차나 기차 등이 빠르게 사람이나 물건 등을 옮기지.

車는 '수레 거' 또는 '수레 차'로 읽어. 자전거나 인력거처럼 사람의 손으로 움직이는 것은 '거'라고 하고, 자동차나 기차 같은 교통수단은 '차'라고 하는데, 물론 예외도 있단다.

車	부수 車	一 𠂆 厂 㐮 百 亘 車
	총획 7획	

공부에도 때가 있다
때 시

때 시(時)는 날 일(日)과 절 사(寺)가 합쳐진 글자야. 寺는 지금은 절을 나타내지만 원래는 관청이나 부서를 가리키는 글자였어. 이때는 '시'라고 읽어야 하지.

옛날에는 나라에서 해를 보고 시간을 재서 백성들에게 알려 주었다고 해. 해는 늘 같은 시간에 뜨고 졌으니까. 이렇게 해를 관찰하고 기록을 하다 보니 달력을 만들게 되었고, 달력 역시 백성들에게 나누어 주어 날짜와 절기를 알게 했지.

원래 時는 날 일(日)과 갈 지(之)가 결합한 모습이었어. 그래서 '태양(日)의 운행(之)'을 의미했고, '시간'이라는 개념이 나왔지. 더 나아가 계절, 역법, 세월 등을 의미했고 말이야. 나중에 之가 寺로 바뀌고 발음 역할을 하면서 지금의 글자가 만들어졌어.

제때 내리는 단비를 시우(時雨)라고 해. 농사철에는 제때 비가 내려야 가을에 풍년이 들 듯이 공부도 제때 해야만 후회하지 않는 삶을 살 수 있단다. 부모님이 공부를 하라고 하는 이유도 때가 얼마나 중요한지를 알고 계시기 때문이야.

時	부수 日	丨 丨 刂 日 日⁻ 日⁺ 旷 旷 時 時
	총획 10획	

모아 읽고 익히기

지금까지 배운 한자를 정리해 봐요.
( ) 안에 한자의 뜻과 소리를 써넣으세요.
그리고 이 한자가 들어간 단어들을 반복하여 읽으면서
완벽하게 익혀 보세요.

몸에 새긴 문신에서 유래한 ( )	文	文明, 文章, 文화, 名文, 주文, 한文, 文화재
글을 담아내는 그릇 ( )	字	文字, 활字, 흑字, 金字탑, 식字우환, 一字無식, 一字千金
글을 나누는 구분의 하나 ( )	章	圖章, 악章, 완章, 종章, 훈章, 규章각, 권리章전
바퀴 달린 수레를 본뜬 ( )	車	車량, 기車, 박車, 자동車, 자전車, 주車장, 복車지계
공부에도 때가 있다 ( )	時	時계, 時기, 時대, 時점, 時間표, 만時지탄, 時時각각

'조개 패(貝)'는 쓸모가 많아

아주 옛날에 사람들은 강가나 바닷가에 살면서 조개를 캐서 먹고 살았어. 그리고 조개껍데기로는 물건을 바꾸거나 장식을 하고 도구를 만들어 썼지. 그래서 '조개 패(貝)'가 들어간 글자는 '돈'이나 '재물'과 관련이 있어. 이처럼 쓸모 많은 貝가 들어간 글자를 비롯하여 표준과 척도, 일, 과목 등을 뜻하는 글자를 공부해 보자.

조개의 모습을 본뜬

조개 패

조개 패(貝)는 조개가 양쪽으로 껍데기를 벌린 모습에서 가져왔다고 해. 그러다 조개의 입수관과 출수관을 뜻하는 세로획 두 개를 더해서 지금의 글자가 되었대. 글자에서 조가비를 벌린 조개의 모습이 떠오르지 않니?

옛사람들에게 조개는 귀한 먹을거리였을 뿐만 아니라 화폐의 역할도 했어. 특히 마노 조개의 껍데기는 중국에서 화폐로 사용되었는데, 그만큼 구하기가 어려웠기 때문이야. 그래서 貝가 부수로 쓰일 때는 '돈'이나 '재물' 등을 뜻해.

패총(貝冢)에 대해 들어 보았니? 옛날 사람들이 먹고 버린 조개껍데기가 쌓여 이루어진 무더기를 뜻하는 말로, 조개더미 또는 조개무지라고도 해. 우리나라에서 발견된 가장 오래된 조개무지는 신석기 시대의 것이란다.

"도를 넘네!"
법도 도

친구의 행동이나 말이 지나치면 "도를 넘네!"라고 하지. 이때 '도'는 어떠한 정도나 한도를 뜻하는 말이야. 한자로는 법도 도(度)라고 해.

度의 옛 글자는 뜻을 나타내는 우(又)와 소리를 나타내는 돌 석(石)을 합쳐 만들었어. 又는 지금은 '또 우'로 읽지만 원래는 '(오른)손 우'라고 했어. 사람들은 사물의 크기를 가늠할 때 먼저 손(又)으로 길이를 재 보지. 재어서 얻은 값이 기준이 된다는 뜻에서 잰다는 의미의 '度'로 표준이나 척도를 나타냈어.

度는 여러 가지 의미로 쓰여. 먼저 길이를 잴 때 사용하는 '자'라는 의미야. 도량형(度量衡)은 '자와 말과 저울'이라는 뜻으로 길이, 부피, 무게의 단위를 재는 법을 말하지.

다음은 '길이의 표준'이야. 여기에서 법도나 제도라는 뜻이 생겨났어. 법도(法度)는 법의 표준이고, 제도(制度)는 사회에서 약속으로 정한 제한의 표준이지. 또한 '길이의 표준'으로부터 '도수, 횟수, 번'이라는 의미도 생겼어.

度	부수 广	丶 亠 广 广 庁 庐 庐 度 度
	총획 9획	

8. '일'을 대표하는 글자

일 사

일 사(事)는 '일'이나 '직업', '재능', '행사' 등을 뜻하는 글자야. 손으로 장식이 달린 붓을 잡고 있는 모습을 본떠서 만들었어. 붓을 잡는다는 것은 기록하는 것, 즉 사무를 보는 것을 의미했어. 옛날에 문자를 읽고 기록하는 것은 아무나 할 수 없는 일이었고, 권력의 상징이었지. 그리고 그들의 일은 곧 임금을 섬기는 것이어서 '섬기다'라는 뜻도 나왔어.

손에 잡고 있는 것을 붓이 아니라 깃발, 먼지떨이, 농기구, 점을 치는 도구 등으로 보기도 해. 글자가 만들어진 유래는 제각기 다르지만 모두 손을 써서 하는 일이지. 그래서 도구를 잡은 손을 그려서 事라는 글자를 만들게 되었던 거야.

사람은 일을 해야 해. 단순히 먹고살기 위해서가 아니라 더 나은 삶을 위해서도 자신이 잘할 수 있는 일을 찾아서 해야 하지. 학생이라면 공부가 일이고, 의사와 간호사는 아픈 사람을 돌보는 것이 일이며, 구조대원은 어려움에 처한 사람을 돕는 것이 일이라고 할 수 있을 거야. 어떤 일을 하든지 최선을 다하는 것이 중요하단다.

事	부수 亅	一 丆 冂 曰 写 写 写 事
	총획 8획	

나누고 합쳐 보자
과목 과

우리는 1권에서 벼 화(禾)가 부수로 쓰일 때는 곡물, 곡식의 이름이나 성질, 곡식을 심어 가꾸는 일과 관련이 있다고 배웠어. 기억나니? 이번에 배울 과목 과(科)에도 이 글자가 들어가네.

科는 벼 또는 곡식을 뜻하는 禾와 부피를 재는 단위인 말(斗, 말 두)이 합쳐진 글자야. 곡식을 '재다' 또는 '헤아리다'라는 뜻이지. 이렇게 곡식을 종류별로 헤아려 나눈 것에서 나온 글자야.

곡식을 종류별로 나누듯 학문을 여러 갈래로 구분한 것을 과목(科目)이라고 해. 생물도 같은 모양이나 성질 등에 따라서 분류할 수 있어. 콩이나 땅콩, 녹두 등은 콩과(科) 식물이고, 고양이를 비롯하여 호랑이, 표범, 사자 등은 고양잇과(科) 동물이야. 그리고 우리 인간은 고릴라, 오랑우탄, 침팬지 등과 함께 사람과(科)에 속하지.

科	부수 禾	一 ニ 千 千 禾 禾 禾 科 科
	총획 9획	

집에 재물이 많으니
넉넉할/열매 실

우리는 1권에서 열매 또는 과실을 나타내는 글자를 배웠어. 바로 실과 과(果)야. 이번에 배울 넉넉할/열매 실(實)도 果와 비슷한 뜻을 가진 글자란다.

實은 집 면(宀)과 꿸 관(貫)이 합쳐진 글자야. 그런데 예전 글자는 宀에 밭 전(田)과 재물을 뜻하는 조개 패(貝)가 결합해서 집에 밭과 재물이 있어 풍족하다는 뜻을 나타냈대. 그러다 밭(田)과 재물(貝)이 끈으로 꿴 많은 동전을 뜻하는 貫으로 바뀌면서 집에 재물이 많다는 뜻이 되었다고 해. 집에 재물이 많으면 부유하고 넉넉하겠지.

實과 果는 열매를 뜻하는 대표적인 한자야. 果가 주로 나무(木)에 열린 열매, 곧 과일을 가리킨다면 實은 과일의 양이나 과일의 잘 익은 모양에서 재물이 많다, 내용이 가득 찼다는 뜻을 나타내고 나아가 열매, 바탕, 튼튼하다, 충실하다 등을 의미하지.

열매를 맺는다고 할 때는 결실(結實)이나 결과(結果)처럼 별다른 구분 없이 쓰기도 하고, 과일을 과실(果實) 또는 실과(實果)라고도 해.

實	부수 宀	丶 丷 宀 宀 宀 宀 宀 宀 宀
	총획 14획	宀 宀 宀 實 實

모아 읽고 익히기

지금까지 배운 한자를 정리해 봐요.
( ) 안에 한자의 뜻과 소리를 써넣으세요.
그리고 이 한자가 들어간 단어들을 반복하여 읽으면서
완벽하게 익혀 보세요.

조개의 모습을 본뜬 ( )	**貝**	貝각, 貝갑, 貝물, 貝총, 貝화, 魚貝류, 貝류학
"도를 넘네!" ( )	**度**	온度, 위度, 제度, 척度, 태度, 난이度, 家족제度
'일'을 대표하는 글자 ( )	**事**	事업, 기事, 식事, 人事, 판事, 事事건건, 實事구시
나누고 합쳐 보자 ( )	**科**	科거, 科目, 科長, 文科, 치科, 科학者, 교科서
집에 재물이 많으니 ( )	**實**	實力, 實천, 事實, 성實, 충實, 有名無實, 허허實實

머리가 맨 위에 있으니 '으뜸'

'원수(元帥)'와 '원수(元首)'는 한글로만 쓰면 어떤 의미인지 헷갈리기 쉬워. 이럴 때는 한자가 필요하지. 元帥는 군대에서 제일 높은 계급을 말하고, 元首는 국가의 최고 권력자인 대통령을 의미해.

이번 시간에는 사람의 머리를 강조한 '으뜸 원(元)'과 '시작'·'근본'을 뜻하는 '근원 원(原)', '역사'를 뜻하는 '역사 사(史)', 전부와 부분을 나타내는 '온전할 전(全)'과 '거느릴 부(部)'를 살펴보자.

사람의 머리를 강조한
으뜸/머리 원

으뜸 원(元)은 사람의 옆모습을 본떠 만들었어. 그중에서 특히 머리를 크게 그렸지. 머리는 우리 몸에서 가장 위에 있고 또 중요해서 '으뜸'이나 '처음', '우두머리' 등의 의미가 생겼어. 우리는 동물을 셀 때 한 마리, 두 마리라고 하잖아. 그런데 '마리'와 '머리'는 원래 어원이 같았다고 해.

元은 '으뜸'이라는 순우리말로도, 한자로도 많이 쓰여. 음악에서 음계의 첫째 음을 으뜸음이라고 하는데, '도'가 여기에 해당하지. 군대에서 가장 높은 계급을 원수(元帥)라고 하고, 한 나라를 대표하는 사람을 원수(元首)라고 해. '원수'는 소리는 같지만 한자가 다르니까 잘 익혀 두도록 하자.

또한 지구에 있는 모든 물질을 구성하는 기본적 요소를 원소(元素)라고 하지. 고대 서양에서는 우주 만물을 이루는 기본 물질인 물·불·공기·흙을 4원소라고 했어. 사물이나 우주를 하나의 원리로 설명하려는 이론을 일원론(一元論), 둘로 설명하려는 이론을 이원론(二元論), 여럿으로 설명하려는 이론을 다원론(多元論)이라고 해.

元	부수 儿	ー 二 テ 元
	총획 4획	

모든 물의 근원
근원 원

근원 원(原)은 기슭 엄(厂)과 샘 천(泉)이 합쳐진 글자야. 泉은 1권에서 바위틈이나 산골짜기에서 물이 졸졸 흘러나오는 모습을 본떠 만든 글자라고 했지? 샘물이 차고 넘쳐 냇물이 되고 이 냇물은 실개천이 되어 강이나 바다로 흘러가. 그래서 샘물이 솟아나는 곳은 모든 물의 근원이 되지.

어떤 사물이나 현상의 밑바탕, 뿌리가 되는 것을 '근원'이라고 해. 한자로는 '根原'이라고도 하고 '根源'이라고도 해.

근원 원(源)은 샘물이 솟아나는 곳을 말하여서 사물의 시초를 비유할 때 써. 원래는 原을 썼는데 이 글자가 여러 뜻을 가지면서 샘물이 솟아나는 곳을 물 수(水)를 더해 源으로 쓰게 되었어. 原은 사물의 바탕을 이루는 것에 두루 쓰여. 따라서 '元來'라는 말은 '原來'라고도 쓸 수 있지.

또한 原은 사방으로 펼쳐진 넓고 평평한 땅인 벌판을 나타내기도 해. 해발 고도 600미터 이상의 넓은 벌판을 고원(高原)이라고 하고, 이런 고원이 길게 펼쳐진 땅을 고원 지대라고 하지.

原	부수 厂	一 厂 厂 厂 厉 厉 原 原 原 原
	총획 10획	

일기는 나의 역사 기록이야
역사

'역사'를 뜻하는 글자 역사 사(史)는 어떻게 만들어졌을까?

먼저 손에 대나무 쪽을 엮은 죽간을 든 모양에서 나왔다고 해. 죽간은 지금의 공책이나 책에 해당해. 손에 죽간을 들고 어느 한쪽으로도 치우치지 않고 올바르게 기록하는 것이 역사라는 뜻이지. 또는 축문 그릇을 나무에 매달아 놓고 제사를 지내며 점을 치는 모습에서 나왔다고도 해. 이것을 기록으로 남겨 보관했는데, 역사가 된 것이지.

우리 조상들은 '기록의 민족'이라고 할 만큼 많은 기록물을 남겼어. 고려 시대에는 『삼국사기』, 조선 시대에는 『고려사』, 『조선왕조실록』, 『승정원일기』, 『비변사등록』 등 방대한 양의 역사 기록을 남겼지. 그중에서 『조선왕조실록』과 『승정원일기』는 유네스코 세계 기록 유산이란다.

우리가 날마다 쓰는 일기도 역사라고 할 수 있어. 내가 잘한 일이든 잘못한 일이든 꼼꼼히 기록한다면 내일은 더 나은 내가 될 수 있을 거야.

史	부수 口 총획 5획	㇁ 口 口 史 史

귀한 옥을 온전하게
온전할 전

온전할 전(全)은 들 입(入)과 구슬 옥(王=玉)이 합쳐진 글자야. 1권에서 玉은 원래 임금 왕(王)과 글자 모양이 같았다고 했지? 잘 기억해 보렴. 여기에서 王은 '왕'이 아니라 '옥'을 말해.

중국 사람들은 옥을 참 좋아한단다. 옥의 나라라고 해도 지나친 말이 아닐 정도로 말이야. 그런데 사실 옥은 잘 부서져. 全은 이 귀하고 부서지기 쉬운 옥을 집에 들여놓는다는 뜻이야. 옥을 집 안에 들여놓으면 온전하게 보관할 수 있겠지.

'온전하다'는 '본바탕 그대로 고스란하다' 또는 '잘못된 것이 없이 바르거나 옳다'라는 뜻이야. 우리 속담에 '온전한 기와가 부서진 옥보다 낫다'라는 게 있어. 아무리 귀한 물건이라도 깨어지면 제구실을 하지 못하므로 하찮은 것보다 못하다는 말이란다.

全	부수 入	ノ 入 ヘ 仐 仐 全
	총획 6획	

전체가 아닌 부분
거느릴

앞에서 배운 온전할 전(全)이 '전부'나 '전체'를 의미한다면 거느릴 부(部)는 '부분'을 나타내는 글자야. 이 부분들이 모여서 하나의 온전한 전체가 되는 것이지.

部는 쪼갤 부(音. 剖의 생략형)와 고을 읍(邑)이 합쳐진 글자인데, 나라를 다스리기 쉽게 여러 고을로 나눈다는 뜻이야. 여기에서 그곳을 관리하는 관청, 나아가 관청을 거느리며 다스린다는 뜻이 나왔어. 나라의 교육을 맡아 다스리는 관청을 교육부, 외국의 침략으로부터 나라를 지키는 일을 맡은 관청을 국방부라고 하지.

어떤 한 사물이나 한 묶음으로 된 물건을 몇 개로 나누었을 때 그 하나를 부분(部分)이라고 해. 집합에도 부분 집합이 있어. 한 지역을 동서남북과 중앙으로 나누었을 때 각 방향을 동부(東部), 서부(西部), 남부(南部), 북부(北部), 중부(中部)라고 해. 미술부나 체육부라고 할 때도 部가 들어가지.

邑이 부수로 쓰일 때는 'ß' 모양으로 바뀌고, '우부방'이라고 한다는 사실도 기억해 두자.

部	부수 ß(邑)	` ㅗ ㅗ ㅛ 효 푼 픔 픔 픔
	총획 11획	픔ß 部

모아 읽고 익히기
★★★

지금까지 배운 한자를 정리해 봐요.
( ) 안에 한자의 뜻과 소리를 써넣으세요.
그리고 이 한자가 들어간 단어들을 반복하여 읽으면서
완벽하게 익혀 보세요.

사람의 머리를 강조한 ( )	元	元年, 元소, 단元, 복元, 환元, 기元前, 장元급제
모든 물의 근원 ( )	原	原고, 原리, 原인, 原子, 原칙, 草原, 原산地
일기는 나의 역사 기록이야 ( )	史	史관, 史기, 史草, 역史, 高려史, 三國史기, 암행어史
귀한 옥을 온전하게 ( )	全	全과, 全部, 全體, 완全, 全자동, 全天候, 全지全능
전체가 아닌 부분 ( )	部	部대, 部분, 部首, 部족, 內部, 복部, 교육部

34

칼로 베고 나누어 이롭게

'칼 도(刀)'는 날카로운 칼의 모양을 본떠 만든 글자야. 칼은 물건을 자르거나 적으로부터 자신을 지키기 위한 용도로 사용해. 또는 부수로 쓰여서 사물을 나누고(分), 벼를 베어 이롭게(利) 할 수도 있지.

'옷 복(服)'과 '옷 의(衣)'는 옷을 대표하는 글자야. 글자의 유래나 쓰임은 제각기 다르지만 함께 어울려 옷을 뜻하는 의복(衣服)으로도 쓰이지.

날카로운 삐침이 무시무시해

칼 모양을 본떠 만든 글자야. 칼의 등과 날이 보이는 것 같지 않니? 게다가 아래로 내리그은 날카로운 삐침이 금방이라도 무언가를 벨 것만 같구나.

여러분도 잘 알다시피 칼은 무언가를 자르거나 베는 역할을 해. 그래서 아주 일찍부터 칼을 만들어 사용했지. 석기 시대에는 돌로 칼을 만들었고, 청동기와 철기 시대로 오면서 단단한 금속인 구리나 쇠로 칼을 만들었어. 이렇듯 칼의 재질은 시대에 따라 달라졌지만, 칼 본래의 역할은 그대로였어. 물건을 자르거나 적으로부터 스스로를 지키는 것 말이야.

칼을 뜻하는 한자에는 도(刀)와 검(劍)이 있어. 일반적으로 刀는 외날 칼, 劍은 양날 칼로 구분을 하곤 해. 식칼같이 날이 한쪽에만 있고 베거나 자르는 용도로 사용하는 것을 刀라고 하고, 날이 양쪽에 있고 전쟁을 할 때 쓰던 칼을 劍이라고 하지.

刀가 부수로 쓰일 때는 '刂' 형태로 바뀌는데, 끊을 절(切)과 처음 초(初) 등 일부 글자는 모양이 바뀌지 않는다는 것을 기억해 두자.

刀	부수 刀	ㄱ 刀
	총획 2획	

칼로 베어 나누다

이 글자에도 칼 도(刀)가 들어 있어. 나눌 분(分)은 여덟 팔(八)과 刀가 결합하여 칼로 베어 나누는 것을 나타내지. 여기서 八은 숫자 여덟이 아니라 사물을 두 동강으로 나눈다는 뜻이야.

옛날에는 사람들이 무리를 이루어 살면서 함께 농사도 짓고 사냥도 했어. 곡식을 수확하거나 짐승을 잡으면 나누어 가졌어. 이때 똑같은 분량으로 나누는 것을 등분(等分)이라고 해. 둘로 나누면 이등분, 셋으로 나누면 삼등분이 되지.

分은 '나누다' 외에 '베풀어 주다', '구별하다', '분수', '직분' 등의 뜻이 있어. 정수를 0이 아닌 다른 정수로 나누어 몫을 정하는 수식을 분수(分數)라고 해. 사물을 분별하는 지혜를 뜻하는 분수 또한 같은 한자를 쓰지. 分에는 구별하여 맡겨진 일이라는 뜻도 있어서 자기가 사회에서 맡은 일은 직분(職分), 자기에게 맡겨진 책임이나 의무는 본분(本分)이라고 하지. 복잡하고 큰일은 여러 사람이 역할을 나누어서 분업(分業)으로 하지.

| 分 | 부수 刀
총획 4획 | ノ 八 今 分 |

18

칼로 벼를 베어서 이익을 얻다

이로울/날카로울 리 / 이

이로울 리/이(利)는 벼 화(禾)와 칼 도(刂)가 합쳐진 글자야. 부수인 刀가 글자 오른쪽에 와서 '刂' 모양으로 바뀌었어. 칼로 벼를 베니 '이롭다', '유익하다'라고 풀이할 수 있어. 利는 '날카로울 리/이'라고도 해.

이렇게 '利'라는 한자를 '禾'와 '刂(刀)'로 자획을 나누어 살펴보는 것을 파자(破字)라고 해. 한자의 자획을 나누어 살펴보면 글자의 뜻을 파악하기가 더 쉽단다.

利는 원래 칼이 벼를 벨 수 있을 만큼 '날카롭다'는 뜻이었어. 그러다 나중에 벼를 추수하는 것은 농부들에게 수익을 가져다주었기에 '이익'이나 '이롭다'는 뜻을 갖게 되었지. 그 외에 '유익하다', '편리하다', '통하다', '이기다' 등 많은 의미가 있어.

끝이 뾰족하거나 날이 선 상태, 관찰이나 판단이 정확하고 날카로운 것을 예리(銳利)하다고 해. 물질적으로나 정신적으로 보탬이 되는 것을 이익(利益)이라고 하지. 나에게 이익이 되면 유리(有利), 그 반대는 불리(不利)라고 하고 말이야.

利	부수 刂(刀)	一 二 千 禾 禾 利 利
	총획 7획	

'윗옷'을 뜻하는 글자
옷 의

우리가 일상생활을 하는 데 꼭 필요한 세 가지 기본 요소를 의식주라고 해. 옷과 음식과 집을 뜻하지. 그중에서 '의'에 해당하는 옷은 사람이 동물과 다른 사람다움을 표시하는 요소라고 할 수 있어. 우리 몸을 보호해 주는 역할을 하면서 동물과 구분 짓는 인간만의 특징이기도 하거든.

그럼 옷이라는 글자는 어떻게 생겨났을까? 옷 의(衣)는 원래 상의, 즉 윗옷을 본뜬 글자라고 해. 글자의 윗부분은 옷깃, 아랫부분은 양쪽 소매, 중간 부분은 옷섶을 나타냈대. 이렇게 衣를 윗옷을 뜻하는 글자로 써서, 하의인 치마 상(裳)과 구분했어. 상의(衣)와 하의(裳)를 합쳐서 옷, 즉 의상(衣裳)이라고도 해.

옷은 자기만족은 물론 남과 구분하기 위해서도 입어. 지금도 직업이나 혼례, 상례 등에 입는 옷이 따로 있지만 옛날에는 신분에 따라 입는 옷이 더 엄격하게 정해져 있었대.

衣가 부수로 쓰일 때는 '衤'로 바뀐다는 사실도 기억해 두자. 또한 보일 시(示=衤)와 글자 모양이 비슷하니 혼동하지 않도록 해.

衣	부수 衣(衤)	丶 一 ナ ナ 衣 衣
	총획 6획	

服

내 복장 어때?

옷 복(服)은 앞에서 배운 옷 의(衣)와 함께 옷을 뜻하는 대표적인 글자야. 두 글자를 합쳐서 의복(衣服)이라고도 하지.

服은 달 월(月)이 부수로 쓰였어. 그런데 여기서 月은 달이 아니라 배를 뜻하는 글자(舟, 배 주)의 변형으로 보기도 해. 갑골문에 服이 사람을 굴복시켜 배에 태우는 모습, 또는 사람을 꿇어앉혀서 어떤 의식을 행하는 모습으로 표현되어 있거든. 그 사람은 죄수일 수도 있고 노예일 수도 있어.

이렇게 사람을 굴복시킨다는 의미에서 '복종시키다', '항복하다'라는 뜻이 나왔어. 그러다 나중에 몸을 다스리기 위해서 '옷'을 입거나 약을 '먹는다'는 뜻으로도 쓰이게 되었지.

옷을 차려입은 모양을 복장(服裝)이라고 하고, 평상시 입는 옷은 평상복(平常服), 아이가 입는 옷은 아동복(兒童服)이라고 해. 학교에서 입는 옷은 교복(校服)이라고 하지. '옷'뿐만 아니라 남의 명령이나 의사를 따르는 복종(服從), 먹어서 병을 치료하는 약인 내복약(內服藥) 등의 의미로도 쓰이지.

服	부수 月	ノ 刀 刀 月 月' 肝 服 服
	총획 8획	

모아 읽고 익히기
★★★

지금까지 배운 한자를 정리해 봐요.
( ) 안에 한자의 뜻과 소리를 써넣으세요.
그리고 이 한자가 들어간 단어들을 반복하여 읽으면서
완벽하게 익혀 보세요.

날카로운 삐침이 무시무시해 ( )	刀	刀工, 果刀, 面刀, 식刀, 半月刀, 단刀直입, 쾌刀난마
칼로 베어 나누다 ( )	分	分배, 分석, 區分, 염分, 春分, 大의名分, 四分五열,
칼로 벼를 베어서 이익을 얻다 ( )	利	利익, 권利, 有利, 편利, 감언利설, 見利사의, 利해타산
'윗옷'을 뜻하는 글자 ( )	衣	衣관, 衣류, 衣상, 상衣, 탈衣, 白衣종군, 人상착衣
내 복장 어때? ( )	服	服용, 服종, 극服, 衣服, 정服, 大례服, 上命下服

작은 마을에서 한 나라의 수도까지

언덕에 세워진 큰 창고에서 유래한 '서울 경(京)'은 한 나라의 수도를 뜻하는 말이야. '저자 시(市)'는 깃발이 세워진 시장을 나타내는데 도시라는 뜻으로도 쓰이지.
'고을 읍(邑)'은 시나 군 아래에 있는 지방 행정 단위이고, '고을 군(郡)'은 임금이나 군주의 명령이 미치는 지역으로, 읍과 면을 아우른단다.
작은 마을에서 한 나라의 수도까지, 한자로 지리 여행을 떠나 보자.

높고 큰 건물에서 유래한
서울 경

한 나라의 수도를 서울이라고 하고, 한자로는 서울 경(京)이라고 해. 그럼 京이 어떻게 서울을 뜻하게 되었을까?

원래 언덕 위에 세운 큰 창고를 나타냈다고 해. 곡식, 공동으로 사용하는 도구, 공공의 문서 등을 저장하는 창고는 쥐 같은 해충을 막고 습기를 차단하며 도적질이나 약탈을 방지하기 위해서 평지에 흙을 높게 쌓고 그 위에 건물을 지었어.

창고이니 규모가 크고, 높은 곳에 지었으니 주위가 내려다보였겠지. 그래서 '크다', '높다'라는 뜻이 나왔어. 또 京에는 '조(兆)의 만 배가 되는 수'라는 뜻이 있는데, 창고에 곡식이 수를 헤아릴 수 없을 만큼 많다는 의미였대.

우리나라의 수도를 지금은 서울이라고 하지만, 조선 시대에는 한성이라고 했다가 일제 강점기에는 경성(京城)이라고 했어. 고려 때는 수도인 개경(開京) 외에 경주에 동경(東京), 평양에 서경(西京)을 두었다고 해. 또 중국의 수도는 북경(北京, 베이징), 일본의 수도는 동경(東京, 도쿄)이라고 하지.

京	부수 亠	丶 一 亠 亠 宁 宁 京 京
	총획 8획	

'시장'을 뜻하는 글자

저자 시

저자 시(市)는 물건을 사고파는 곳, 바로 시장을 뜻하는 글자야. 수건 건(巾)은 부수로서 깃발을 나타내지. 시장이 서는 곳임을 알리기 위해 세워 놓은 표지 같은 것 말이야. 사람들은 그 깃발을 보고 모여들었어.

원래 글자 모양은 사람들이 끌어당기고 밀치며 시끌벅적하게 물건을 사고파는 곳으로 가는 모습, 물건을 사고파느라 떠들썩한 모습에서 나온 것이라고 해.

글자의 유래에 대해서는 여러 가지 설이 있지만, 사람들이 모여들어 물건을 사고파는 장소라는 사실은 같아. 이렇게 많은 사람들이 모이자 이 시장을 중심으로 도시가 발달했어. 그래서 市는 도시라는 뜻으로도 쓰이지.

지금은 마트나 편의점, 온라인 상점 등으로 인해서 전통적 의미의 시장은 많이 사라졌지만, 도시의 주택가 근처에는 상설 시장이 있고, 시골에는 닷새마다 장이 열리는 오일장도 있단다. 이번 주말에는 엄마, 아빠와 가까운 시장에 가 보는 것은 어떨까?

市	부수 巾	丶 亠 亍 芇 市
	총획 5획	

고을에서 나라로
고을

고을 읍(邑)은 원래 에울 위/나라 국(囗)과 병부 절(卪)이 합쳐진 글자였어. 囗는 입 구(口)와 글자 모양이 같아 혼동하기 쉬우니 잘 구분하도록 하자. 다시 말해 邑은 네모 아래에 사람이 꿇어앉은 모습으로, 네모는 사람들이 모여 사는 지역, 사람은 그 나라에 사는 사람들을 뜻했어. 이렇게 사람들이 모여 사는 곳은 고을, 더 나아가 나라가 되었지.

처음에는 나라라고 해도 규모가 작았을 거야. 그러다 점차 여러 고을이 합쳐지면서 큰 나라로 발전했겠지. 그래서 나라를 나타내는 글자로 나라 국(國)을 쓰면서, 邑은 그보다는 작은 고을을 나타내게 되었어. 邑은 지방 행정 단위를 뜻하기도 하는데, 시나 군 아래 인구 2만 명 이상이 사는 곳을 가리키지.

邑	부수 邑(阝)	丶 口 吕 吕 吊 뮴 邑
	총획 7획	

24 郡

임금이 다스리는 마을

고을

고을 군(郡) 역시 고을 읍(邑)처럼 '마을'이나 '고을'을 뜻하는 글자야. 뜻을 나타내는 阝(邑)에 소리를 나타내는 임금 군(君)이 더해져서 '임금이 다스리는 마을'이라고 풀이할 수 있어. 다시 말해 임금이나 군주의 명령이 미치는 지역을 말하지.

우리에게 郡은 지방 행정 단위로 익숙해. 경기도, 충청도라고 할 때의 도(道) 아래 있으면서 여러 읍과 면을 아우르는 중간 행정 단위이거든. 군의 행정과 사무를 맡아보는 관청을 군청(郡廳)이라고 하고, 그 군에 사는 사람은 군민(郡民)이라고 하며, 그리고 군을 대표하는 행정 공무원은 군수(郡守)라고 하지. 군수는 주민들이 투표를 해서 뽑는단다.

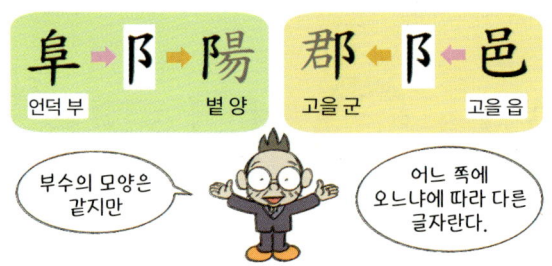

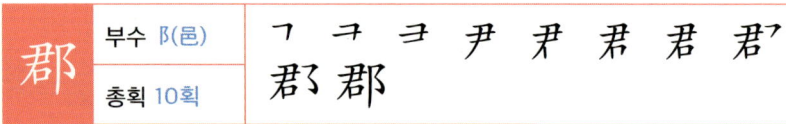

모아 읽고 익히기

지금까지 배운 한자를 정리해 봐요.
(   ) 안에 한자의 뜻과 소리를 써넣으세요.
그리고 이 한자가 들어간 단어들을 반복하여 읽으면서
완벽하게 익혀 보세요.

높고 큰 건물에서 유래한 ( )	京	개京, 귀京, 東京, 上京, 京기道, 西京별曲
'시장'을 뜻하는 글자 ( )	市	市民, 市정, 개市, 증市, 파市, 광역市, 市民권
고을에서 나라로 ( )	邑	邑리, 邑성, 邑長, 도邑地
임금이 다스리는 마을 ( )	郡	郡民, 郡수, 郡청, 郡의원, 郡의회, 郡현제

한자는 외국어일까?

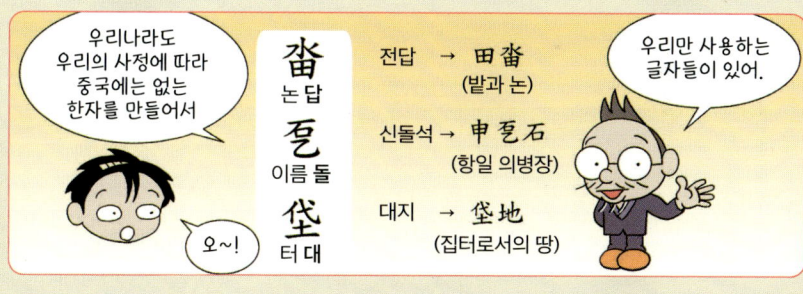

몇 집이 살아야 마을일까?

마을(里)은 가장 작은 행정 단위라고 할 수 있어. 그럼 몇 집이 살아야 마을이라고 할 수 있을까? 옛날 중국 문헌에서는 스물다섯 집이 모여야 하나의 마을이 된다고 했어.

동(洞)은 마을과 비슷한 지방 행정 단위야. 두 글자가 어울려 마을이라는 뜻의 동리(洞里)라고도 하지. 寺는 지금은 절이라는 뜻으로 쓰이지만 예전에는 나랏일을 보던 '관청'이라는 의미가 있었어.

시골과 도시의 가장 작은 행정 단위가 어떻게 생겨났는지 살펴보자.

농사짓기 좋은 땅으로 모이다
마을 리

마을 리(里)는 밭 전(田)과 흙 토(土)로 이루어진 글자야. 田은 농사를 짓기 위해 마련한 땅, 土는 농작물을 자라게 하는 땅의 흙이지. 옛날에는 모든 살아 있는 것들은 흙에서 태어나 살다가 죽어 흙으로 돌아간다고 생각했어. 사람들은 농사를 지어서 먹을거리를 만들어 내야 살 수 있었기에 농사짓기 좋은 땅을 중심으로 해서 모여 살았어. 바로 마을이 탄생하게 된 배경이지.

그럼 몇 집이 살아야 마을이라고 할 수 있을까? 중국 고대 문헌에서는 '다섯 집(家)을 隣(이웃 린)이라 하고, 다섯 隣을 里라고 한다'고 했어. 다시 말해 스물다섯 집이 있어야 마을이 된다는 것이지. 옛사람들의 마을 구분이 재미있지? 지금은 몇 집이든 상관없이 주로 시골에서, 여러 집이 모여 사는 곳을 마을이라고 해. 그럼 대규모 아파트 단지도 하나의 마을이라고 할 수 있을까?

里는 마을과 마을 사이의 거리를 재는 단위로도 쓰였어. 1리는 0.393킬로미터 정도를 말해. 그럼 10리는 3.93킬로미터, 100리는 39.3킬로미터, 1천 리는 393킬로미터가 되겠지.

里	부수 里 총획 7획	丨 冂 曱 曰 旦 里 里

'입 구(口)' 두 개가 겹치니
골짜기 동

골짜기 동(洞)은 물 수(水)와 같을 동(同)이 합쳐진 글자야. 同은 갑골문에 입 구(口) 두 개가 겹친 모습인데, 여기서 '합쳐지다'라는 뜻이 나왔어. 따라서 洞은 '물이 합쳐지다'라는 의미로 풀이할 수 있어.

洞은 여러 가지 뜻으로 쓰여. 먼저 물이 모이는 '골' 또는 '골짜기'라는 뜻이야. 이 골짜기는 비어 있으므로 '비다', '공허하다'라는 뜻을 갖지. 여기에서 '동굴'이라는 의미가 나왔어. 골짜기를 멀리서 바라보면 시원하게 트이고 위와 아래가 연결되어 있으니 '통하다', '꿰뚫다'라는 뜻이 되지.

또한 洞은 아무개 시 아무개 동이라고 할 때처럼 행정 구역의 하나이기도 해. 동리(洞里)는 지방 행정 구역의 최소 구획인 동(洞)과 이(里)를 아울러 이르는 말이야.

洞은 '밝을 통'이라고도 해. '골짜기'나 '마을' 등을 뜻할 때는 '동', '밝다'나 '꿰뚫다'라는 의미일 때는 '통'으로 읽어. '통'으로 쓰이는 경우는 많지 않은데, 사물의 이치나 지식, 기술 등을 잘 아는 것은 통달(洞達), 사물이나 현상을 통찰하는 능력은 통찰력(洞察力)이라고 해.

洞	부수 氵(水)	丶 丶 氵 氵 洞 洞 洞 洞 洞
	총획 9획	

'사'로도 읽고 '시'로도 읽는
절 사 / 관청 시

寺는 '절'을 뜻할 때는 '사'로 읽고 '관청'을 뜻할 때는 '시'로 읽는 단다. 좀 복잡하지? 어떻게 읽어야 할지 헷갈릴 때는 글자가 만들어진 유래를 살펴보면 도움이 돼.

寺는 흙 토(土)와 마디 촌(寸)이 합쳐진 글자야. 그러나 원래는 발 지(止)와 또 우(又)가 그려져 있었다고 해. 손으로 발을 받드는 모습을 나타낸 것이지. 바로 높은 분을 모신다는 뜻이야. 여기에서 寺가 나랏일을 보던 '관청'이라는 의미가 생겨났어.

고려 시대에는 제사를 주관하는 관청을 전의시(典儀寺)라 하고, 죄수를 관리하는 관청을 대리시(大理寺)라고 했어. 조선 시대에도 궁중의 미곡과 장 등을 관리하는 사도시(司䆃寺), 무기나 군수 물자 등을 제조하는 군기시(軍器寺), 왕실의 족보를 편찬하고 종친에 관한 업무를 관리하는 종부시(宗簿寺) 등 여러 관청의 '시'가 있었어.

그러다 나중에 외국에서 온 사람들, 특히 스님들을 위해 건물을 따로 지으면서 관청과 구별하기 위해 절(寺)이라고 하고 우리나라에서는 발음도 '사'라고 했지. 이때부터 스님들이 모여 수행하는 곳을 가리키게 되었대.

寺	부수 寸	一 十 土 土 寺 寺
	총획 6획	

28

가는 날이 장날

마당 장(場)은 흙 토(土)와 볕 양(昜)이 합쳐진 글자야. 햇빛이 잘 드는 넓은 땅이 곧 마당이라는 뜻으로 풀이할 수 있어. 땅이 넓으니 그늘이 지지 않고 햇빛이 구석구석 잘 비쳤을 거야.

예로부터 마당은 쓰임새가 많았어. 곡식을 말리거나 타작을 하는 것은 물론 혼례나 상례와 같은 크고 작은 행사도 치렀어. 사람들이 어울려 공연도 하고, 아이들이 마음껏 뛰어놀기도 했어.

이렇듯 마당은 모두에게 열린 공간이었어. 유럽을 비롯한 서구 사회에서도 마당 또는 광장은 지역 사회를 이루는 구심점이자 민주주의가 꽃피는 데 중요한 역할을 한 공간이었어.

무엇보다 場은 시장(市場)으로서의 의미가 컸어. 넓은 공간에 물건을 사는 사람도, 파는 사람도 모여들 수 있었으니까. 저자의 공터도 장이라 하고, 시장에 가서 물건을 사는 것도 장을 본다고 해.

'가는 날이 장날'이라는 말이 있어. 일을 보러 가니 공교롭게 장이 서는 날이라는 뜻으로, 어떤 일을 하려고 하는데 뜻하지 않은 일을 당함을 이르는 말이지.

| 場 | 부수 土 | - 十 土 土 圹 圽 坦 坦 坦 |
| | 총획 12획 | 場 場 場 |

모아 읽고 익히기

지금까지 배운 한자를 정리해 봐요.
( ) 안에 한자의 뜻과 소리를 써넣으세요.
그리고 이 한자가 들어간 단어들을 반복하여 읽으면서
완벽하게 익혀 보세요.

농사짓기 좋은 땅으로 모이다 ( )	里	里長, 향里, 里정표, 택里지, 萬里長성, 五里무中, 不원千里
'입 구(口)' 두 개가 겹치니 ( )	洞	洞굴, 洞內, 洞里, 洞長, 近洞, 洞촉, 洞찰力
'사'로도 읽고 '시'로도 읽는 ( )	寺	寺원, 寺田, 寺찰, 山寺, 불國寺
가는 날이 장날 ( )	場	市場, 입場, 白日場, 정류場, 등場人물, 만場一치, 一場春몽

나가거나 들어오거나 모이거나

'날 출(出)'이 안에서 밖으로 나가는 것이라면, '들 입(入)'은 밖에서 안으로 들어오는 것을 뜻하지. 이 두 글자는 나가고 들어오는 출입(出入), 수입과 지출의 입출(入出)처럼 어울려 쓰이기도 해.

그리고 '합할 합(合)', '모일 집(集)', '모일 회(會)'는 흩어져 있는 것을 하나로 모으는 것을 뜻하는 글자야. 나거거나 들어오거나 모이는 것을 뜻하는 한자를 공부해 보자.

걸어서 밖으로 나가다

날 출

날 출(出)은 뫼 산(山) 두 개가 겹친 것처럼 보이지? 그럼 山이 부수일까? 아니야. 입 벌릴 감(凵)이 부수로 쓰였어. 凵은 땅을 파서 만든 구덩이 형태를 가리켜. 옛날에는 구덩이를 파서 곰이나 호랑이 같은 덩치 큰 동물을 잡았다고 해.

出의 갑골문을 보면 반지하 형태의 구덩이나 움집(凵) 위로 발(止, 발 지)이 그려져 있어. 걸어서 밖으로 나가는 것을 표현한 것이지. 또는 식물의 싹이 땅 위로 돋아나는 모양을 본뜬 것이라고도 해.

出이 '나가다'나 '드러내다'의 뜻으로 쓰인 경우로는 해가 뜨는 것을 뜻하는 일출(日出), 달이 뜨는 것을 뜻하는 월출(月出)이 있어. 종교에서 수행을 위해서 집을 떠나는 일은 출가(出家)라고 하고, 여자가 시집을 가는 것은 출가(出嫁)라고 하지. 무작정 집을 뛰쳐나가는 것을 가출(家出)이라고 해. 한때 가출 청소년이 사회문제가 된 적이 있었지.

'태어나다'라는 뜻으로 쓰인 경우는 사람이 태어나는 것을 뜻하는 출생(出生), 태어난 지역을 뜻하는 출생지(出生地) 등이 있어. 지출(支出)은 '(돈을 내어서 셈을) 치르다'라는 뜻이지.

出	부수 凵	丨 丄 屮 出 出
	총획 5획	

밖에서 안으로 들어오다

앞에서 배운 날 출(出)이 안에서 밖으로 나가는 것을 나타낸다면 들 입(入)은 반대로 밖에서 안으로 들어오는 것을 뜻하는 글자야.

글자 모양을 보면 사람 인(人)과 비슷해 보이지? 다만, 삐침이 人은 왼쪽이 더 길고, 入은 오른쪽이 더 길어. 예전에는 이렇게 入을 人과 연결해서, 人을 거꾸로 그린 것이라고 생각했어. 그리고 사람이 입구로 들어가는 것이라고 풀이했지.

그러나 갑골문을 보면 옛날 집의 문이나 화살촉 또는 뾰족한 삼각형 모양이 그려져 있어. 이것이 무엇인지 명확하지는 않지만, 옛날 사람들의 주거 형태가 동굴 집이었던 것을 고려하면 집으로 들어가는 모습을 그린 것이라고 할 수 있겠지.

사람 인　　　　　　　　　들 입

入	부수 入	
	총획 2획	

흩어진 것을 하나로 모으다
합할 합

글자를 보면 어떤 물건 위에 덮개나 뚜껑이 있는 것처럼 보이지 않니? 맞아. 합할 합(合)은 찬합 같은 뚜껑이 있는 그릇 모양을 본뜬 글자야. 원래 '그릇'이라는 뜻으로 쓰였어. 그러다 合이 '합하다', '모으다' 등의 의미로 많이 쓰이면서 그릇을 뜻하는 합 합(盒)이라는 글자를 새롭게 만들었지.

合은 나누어져 있거나 흩어져 있는 것을 하나로 모으는 것을 뜻해. 화합(和合)은 화목하게 어울려서 하나가 되는 것이고, 집합(集合)은 사람들이 한곳으로 모이거나 특정 조건에 맞는 원소들의 모임을 말하지. 합창(合唱)은 여러 사람이 함께 노래를 부르는 것이고, 합주(合奏)는 두 가지 이상의 악기로 동시에 연주하는 것이란다.

그리고 여러 나라 사람들이 모여 하나의 큰 나라를 이룬 예가 있어. 바로 미국인데, 미국은 정확하게 말하자면 아메리카 합중국(合衆國)이라고 해. 50개의 주와 특별구 하나가 모여서 미국이라는 국제 정치는 물론 경제적으로도 중요한 위치를 차지하는 큰 나라를 만들었어.

| 合 | 부수 口
총획 6획 | ノ 人 스 今 合 合 |

새가 나무에 앉아 있으니
모일 집

모일 집(集)은 새가 나무에 앉아 있는 모습을 본떠 만든 글자야. 나무 목(木) 위에 새 추(隹)가 더해져서 '모으다' 또는 '모이다'라는 뜻을 나타내지.

원래 갑골문에는 나무에 새 한 마리가 있는 모습이었어. 이후 많은 새가 모인다는 것을 나타내기 위해 새를 세 마리까지 그렸어(雧, 모을 집). 隹가 셋이라면 새가 아주 많다는 뜻이겠지. 지금은 이 글자가 자주 쓰이지는 않아.

새는 떼 지어 살기를 좋아해. 특히 늦가을에서 겨울에 이르는 시기에 수많은 철새 무리가 떼를 지어 나는 모습은 장관이지. 새들은 낮에는 논이나 저수지에서 먹이를 찾고 밤에는 나무 위에 옹기종기 모여서 잠을 자. 나무 위는 천적으로부터 몸을 피하기에 좋은 곳이지.

集은 합할 합(合)처럼 '모으다'라는 뜻으로 주로 쓰여. 결집(結集)은 한곳에 모여서 뭉친다는 뜻이고, 사람이나 건물 등이 한곳에 모인 것은 군집(群集)이라고 하지. 또한 시집(詩集)은 시를, 문제집(問題集)은 문제를 모아 엮은 책이란다.

集	부수 隹	ノ 亻 亻 亻 亻 亻 佳 佳 隹
	총획 12획	隼 集 集

물건도 모으고 사람도 모이고
모일

모일 회(會)는 앞에서 공부한 모일 집(集)과 뜻이 같은 글자야. '모이다'를 비롯하여 '모으다', '만나다', '부합하다' 등을 의미하지.

옛 글자 모양은 물건이 담긴 그릇 위에 뚜껑을 덮은 모습이나 솥에 음식을 넣고 끓이는 모습이라고 해. 또는 창고에 곡식을 갈무리해 둔 모습이라고도 하지. 모두 무엇을 모아 둔 것을 나타내. 이렇게 물건을 모아 둔 모습에서 나중에는 사람 사이의 만남까지 의미하게 되었어.

會와 集은 뜻은 같지만 쓰임새는 조금 달라. 會가 주로 사람이 무언가를 하려고 모이거나 모여서 무엇을 하는 것이라면, 集은 사람이나 사물의 낱낱이 한데 모이는 모습을 나타내지.

會	부수 日	ノ 人 亼 亼 合 侖 侖 侖 會
	총획 13획	會 會 會 會

모아 읽고 익히기
★★★

지금까지 배운 한자를 정리해 봐요.
( ) 안에 한자의 뜻과 소리를 써넣으세요.
그리고 이 한자가 들어간 단어들을 반복하여 읽으면서
완벽하게 익혀 보세요.

걸어서 밖으로 나가다 ( )	出	出발, 出生, 出중, 수出, 연出, 出사표, 두門不出
밖에서 안으로 들어오다 ( )	入	入國, 入門, 入원, 入학, 몰入, 出入, 점入가경
흩어진 것을 하나로 모으다 ( )	合	合격, 合창, 경合, 통合, 合集合, 오合지졸, 지행合一
새가 나무에 앉아 있으니 ( )	集	集中, 集合, 모集, 시集, 채集, 集大성, 이合集산
물건도 모으고 사람도 모이고 ( )	會	會의, 기會, 사會, 연會, 전시會, 건강부會, 會者정리

군자는 대로행이지

이번 시간에는 사람의 행동과 관련된 글자를 공부해 보자. 서거나 세우고(立), 사귀고(交), 가고(行), 오르고(登), 정하는(定) 뜻을 가진 글자들이야. 우리가 세상을 살아가면서 반드시 해야 하는 일들이지.
이왕 이런 일들을 해야 한다면 지름길이나 샛길로만 가려 하지 말고 조금 늦더라도 큰길이나 바른길로 가 보자. '군자는 대로행'이라는 옛말도 있잖아.

서거나 세우거나
설 립

'서다'라는 뜻을 가진 글자야. 멈추어 서거나 똑바로 서거나 세우는 것이 모두 이 글자와 관련이 있어.

설 립(立)이라는 글자만 봤을 때는 왜 '서다'라는 뜻을 갖게 되었는지 고개를 갸웃거리게 돼. 그러나 갑골문을 보면 금세 고개를 끄덕이게 되지. 큰 대(大) 아래에 획이 하나 그어져 있거든. 마치 땅 위에 사람이 서 있는 것처럼 말이야. 1권에서 大는 사람이 양팔을 벌리고 바로 선 모습을 본떴다고 했어. 立은 이 大에 획을 하나 그어서 땅 위에 당당하게 서 있는 사람을 나타낸 글자란다.

立은 나중에는 사람에 국한하지 않고 모든 존재나 사물까지 확장하여 '서다'라는 의미로 쓰이게 되었어. 직립(直立)은 꼿꼿하게 바로 서는 것이고, 기립(起立)은 자리에서 일어서는 것이지. 단체나 기관을 세우는 일은 설립(設立)이나 수립(樹立)이라고 해.

우리나라는 일제 강점기인 1919년 4월 11일에 임시 정부를 세워서 일제에 맞서 독립운동을 했어. 그리고 마침내 1945년 광복을 이루고 1948년에 정식으로 대한민국 정부를 수립했지.

立	부수 立	、 亠 亠 产 立
	총획 5획	

친구를 위해서라면 목숨도 아깝지 않아
사귈 

사람이 스스로 설 수 있게 되었다면 이제 다른 사람을 만나 사귀어야겠지. 그 대상은 동성이나 이성 친구가 될 수 있을 거야. 사귈 교(交)는 바로 이런 사람 사이의 사귐을 뜻하는 글자야.

옛 글자 모양은 다리를 꼬고 있는 사람을 그린 것이라고 해. 이렇게 다리를 꼬는 것에서 '엇갈리다', '교차하다'라는 뜻이 나왔고, 이후 교통수단, 교환, 교류 등의 의미가 더해졌어.

交가 '사귀다'라는 뜻이다 보니 친구와 사귐에 관련한 글자에 많이 쓰였어. 그중 잘 알려진 것이 관포지교(管鮑之交)라는 고사성어야. 관중과 포숙의 사귐이란 뜻으로, 우정이 아주 돈독한 친구 관계를 이르는 말이지. 일생을 살면서 관중과 포숙처럼 진심 어린 우정을 나눌 수 있다면 성공한 삶이라고 할 수 있을 거야.

| 交 | 부수 亠
총획 6획 | 丶 一 亠 六 交 交 |

36

네 갈래로 난 길

갈 행

네 갈래로 난 길, 곧 사거리를 본떠 만든 글자야. 사거리는 사람들도 오가고 수레도 오가는 넓은 길이지? 따라서 다닐 행(行)이 들어가는 글자는 수레가 다니는 넓은 길과 관련이 있어.

行은 '가다'나 '다니다' 외에도 여러 가지 뜻이 있어. 사람들은 어디로든 움직일 때 가장 흔히 보이는 모습은 어디론가 가는 것이지. 그래서 이 글자에는 '(어떤 일을) 행하다'라는 뜻도 있어. 어떤 일을 행하면 그 일을 한 결과로서 행실이 드러나게 마련이지. 그리고 어디로 멀리 나그네로 가는 일은 '여행'이라고 해.

'군자대로행(君子大路行)'이라는 말이 있어. 군자라면 샛길이나 좁은 길이 아닌 큰길로 가야 한다는 뜻이야. 좁은 길은 지름길, 편법을 뜻하고 큰길은 당당한 길, 바른길을 말하지. 우리는 비록 군자는 아니지만 눈앞의 이익보다는 더 멀리 바라보고 나아가야 하지 않을까?

行은 '행'으로 읽지만, '항'으로도 읽는다는 사실을 알아 두자. '가다', '다니다' 등의 뜻일 때는 '행', 가족이나 친족 간의 관계를 나타내는 '항렬(行列)'일 때는 '항'으로 읽어야 해.

| 行 | 부수 行
총획 6획 | ノ ク 彳 彳 汀 行 |

등산과 닮은
오를 등

가까운 동네 뒷산이든 멀리 있는 높은 산이든 올라가 본 적 있어? 높은 산이든 낮은 산이든 흙길도 지나고 냇물도 건너면서 천천히 가야 무사히 산 정상에 이를 수 있어.

오늘 공부할 오를 등(登)의 옛 글자 모양은 산에 오르는 것을 뜻하는 등산과 닮았어. 등산이 산 정상을 향해 한 발 한 발 천천히 오르듯, 登은 제기용 그릇(豆, 콩 두)을 두 손으로 받쳐 들고 제단을 향해 올라가는(癶, 등질 발) 모습에서 가져왔거든.

또는 높은 사람이 마차에 오를 때 아랫사람이 노둣돌 같은 것을 손으로 받치거나 눌러서 편하게 오르도록 하는 모습에서 가져왔다고도 해. 어떤 쪽으로 풀이하든 높은 곳으로 오르고 또 높이 받드는 뜻을 담고 있지.

登	부수 癶	
	총획 12획	

마음을 정하고 뜻을 세우다
정할 정

정할 정(定)은 집 면(宀)에 바를 정(正)이 합쳐진 글자야. 이 글자의 뜻을 알기 위해서는 먼저 正이라는 글자를 살펴보아야 해. '바르다'라는 뜻을 가진 正은 사람이 땅(一)에 발(止)을 딛고 똑바로 서 있는 모습을 본뜬 글자야. 따라서 定은 집에서 바른 자세로 서 있거나 앉아 있는 것을 나타내지. 또는 집에서 마음을 곧게 세워서 뜻을 정한다고도 할 수 있어.

어떤 일을 하려고 할 때 이렇게 할까 저렇게 할까 마음을 잡지 못하면 불편하고 불안해. 그러나 미리 계획을 꼼꼼하게 세우면 마음이 안정되고 일도 훨씬 잘 되지. 이것은 우리가 어떤 일을 할 때 마음을 정하고 뜻을 세우는 것이 왜 필요한지를 잘 말해 준단다.

定	부수 宀	、 ㆍ 宀 宀 宁 宁 定 定
	총획 8획	

모아 읽고 익히기

지금까지 배운 한자를 정리해 봐요.
( ) 안에 한자의 뜻과 소리를 써넣으세요.
그리고 이 한자가 들어간 단어들을 반복하여 읽으면서
완벽하게 익혀 보세요.

서거나 세우거나 ( )	立	立안, 대立, 독立, 中立, 立身出世, 立春大길
친구를 위해서라면 목숨도 아깝지 않아 ( )	交	交류, 交제, 交통, 交환, 外交관, 交友이신, 金란지交
네 갈래로 난 길 ( )	行	行동, 行事, 行星, 여行, 비行기, 논공行상, 언行一치
등산과 닮은 ( )	登	登단, 登山, 登재, 登판, 登山화, 登高자비, 人재登용
마음을 정하고 뜻을 세우다 ( )	定	定立, 定의, 결定, 규定, 긍定, 고定관념, 기定事實

'공'과 '사'는 구분하자

이번 시간에는 공적인 것과 사적인 것, 새로운 것과 오래된 것 등 서로 반대되는 뜻을 가진 글자를 공부해 보자.

우리는 자기만의 사적인 세계와 다른 사람과 어울려 살아가는 공적인 세계에 함께 속해 있어. 때로는 이것을 제대로 분리하지 못해서 어려움을 겪기도 하지. 또한 우리는 새것을 좋아하고 오래된 것을 멀리하곤 해. 하지만 새것이 늘 반짝이고 좋은 것도, 오래된 것이 늘 낡고 나쁜 것도 아니라는 사실을 잊지 않아야 해.

물건을 나눌 때는 공평하게
공변될 공

옛날 글자 모양은 항아리 같은 것에 든 물건을 골고루 나누는 모습이라고 해. 그래서 '공정하다', '공평하다'라는 뜻을 갖게 되었어. 또 물건을 나눌 때 나누는 사람은 공정하고 공평해야 하지. 물건을 나누는 자격을 가진 사람은 힘이 있는 사람, 곧 우두머리이고 말이야. 그리고 입가에 주름이나 수염이 있는 모습을 그린 것이라고도 해. 이렇게 수염이 나고 주름이 진 사람은 늙은이, 어른이지. 그래서 이 글자는 원래 높은 사람을 가리키는 말로도 썼대.

'공변되다'라는 뜻이 좀 어렵지? 행동이나 일 처리가 자기 위주이거나 한쪽으로 치우치지 않고 공평한 것을 말해. 뒤에서 공부할 사사 사(私)와는 반대되는 글자이지.

이렇듯 公은 나를 넘어서 다른 사람들과 어울려 살아가는 것을 뜻하는 글자에 두루 쓰인단다. 공공 기관이나 공공 도서관이라고 할 때의 공공(公共), 국가가 제도적으로 시행하는 제도권 내 교육인 공교육(公敎育), 사회 전체의 이익인 공익(公益)처럼 말이야. 또한 사회와 국가에 복무하는 직책에 公을 붙임으로써 '공평함', '공정함'이 권력의 가장 중요한 가치임을 일깨우고자 했어.

| 公 | 부수 八
총획 4획 | ノ 八 公 公 |

이 벼는 내 것이야!

사사 사

사사 사(私)는 벼 화(禾)와 사사 사(厶)가 합쳐진 글자야. 厶는 팔을 안으로 구부린 모습이니 벼를 자기 팔로 끌어당겨 차지하는 모습이라고 할 수 있지. 바로 내 것이라는 의미야. 그래서 私는 사사로운 것, 곧 개인적인 것이나 이기적인 것을 뜻하는 글자로 쓰인단다.

자기 생각이나 의견을 사견(私見)이라고 하고, 개인의 이익은 사익(私益)이라고 하지. 또한 공교육을 보충하기 위하여 제도권 밖에서 하는 교육을 사교육(私敎育)이라고 해. 우리가 방과 후에 가는 영어 학원이나 태권도 학원 등이 사교육에 속한다고 할 수 있어.

우리는 사적인 세계와 공적인 세계에 함께 속해 있어. 이것은 다시 말해 사적인 세계에서는 내 마음대로 살아도 되지만, 공적인 세계에서는 국가나 사회가 정해 놓은 규칙과 법을 따라야 한다는 뜻이지.

私	부수 禾	一 二 千 禾 禾 私 私
	총획 7획	

우리가 새것을 좋아하는 까닭
새

새 신(新)은 매울 신(辛)과 나무 목(木), 도끼 근(斤)이 합쳐진 글자야. 하지만 갑골문에는 辛과 斤이 결합하여 나무를 잘라 땔감을 만든다는 뜻이었어. 그러다 나중에 나무 목(木)이 더해지면서 나무를 자르고 다듬어 새로운 물건을 만든다는 뜻의 지금의 글자가 되었지. 그리고 '땔감'이라는 뜻은 풀 초(艹)를 더해서 섶나무 신(薪)으로 쓰고 있어.

우리는 신발도 새 신발을 좋아하고, 옷도 새 옷을 좋아해. 때로는 친구도 새로운 친구가 좋은 것 같고 말이야. 우리가 이렇듯 새로운 것을 좋아하고 찾는 까닭은 오래되고 익숙한 것에 쉽게 싫증을 느끼기 때문일 거야. 그에 비해 새로운 것은 신선하고 호기심을 불러 일으키지.

하지만 성경에서는 '하늘 아래 새로운 것은 없다'라고 했어. 다시 말해 오늘은 새롭게 보이더라도 내일이면 오래된 것, 새롭지 않은 것이 된다는 말이지. 이 세상의 모든 일은 늘 반복되고 사람들이 살아가는 방식은 언제 어디서나 비슷하니까.

| 新 | 부수 斤 | ` ⸍ ⸍ ⸝ 立 立 辛 辛 亲 |
| | 총획 13획 | 亲 新 新 新 |

옛것이 다 낡은 것은 아니야

옛 고(古)는 입 구(口)와 열 십(十)이 합쳐진 글자야. 쉽게 풀어 보면 여러(十) 사람의 입(口)으로 전해 내려오는 '옛날'의 일이란 뜻이지. 문자가 없던 시절에는 이렇게 입에서 입으로 이야기가 전해졌어.

옛것이라 하여 모두 낡은 것은 아니란다. 옛것은 오랜 세월 우리 삶에 녹아들어 이어져 온 것이거든. 그래서 어떤 옛것은 아주 큰 힘을 갖고 있어. 우리는 늘 새로운 것을 찾지만 새로운 것도 옛것을 새롭게 다듬어 낸 것이 많아. 지금 유행하는 옷도 과거 언젠가 유행했던 스타일인 것처럼 말이야. 그래서 유행은 돌고 돈다고 하지.

서양 문화의 역사에서 아주 중요한 사건인 르네상스도 바로 헬라스, 로마의 고전(古典)을 새롭게 해석하여 당시 유럽 사회의 문화로 만들어 낸 운동이지.

'옛날'을 뜻하는 비슷한 글자로 옛/까닭 고(故)가 있어. 古가 '옛날', '예전', '오래되다' 등 주로 시간의 의미로 쓰인다면, 故는 古의 의미는 물론 예부터 지금까지 이어져 오는 습관이나 전통 등을 두루 뜻하지. 죽은 사람 이름 앞에는 故를 써.

古	부수 口	一 十 十 古 古
	총획 5획	

모아 읽고 익히기

지금까지 배운 한자를 정리해 봐요.
( ) 안에 한자의 뜻과 소리를 써넣으세요.
그리고 이 한자가 들어간 단어들을 반복하여 읽으면서
완벽하게 익혀 보세요.

물건을 나눌 때는 공평하게 ( )	**公**	公개, 公공, 公연, 公무원, 公사관, 公明정大, 우公이山
이 벼는 내 것이야! ( )	**私**	私립, 私설, 私心, 私익, 私生활, 公私多망, 私利私욕
우리가 새것을 좋아하는 까닭 ( )	**新**	新구, 新랑, 新록, 갱新, 新小설, 근하新年, 日新우日新
옛것이 다 낡은 것은 아니야 ( )	**古**	古대, 古분, 古전, 古희, 복古, 고古학, 萬古不변

75

늙고, 병들고, 죽는다는 것

이번 시간에는 바르고, 아름답고, 늙고, 병들고, 죽는 것을 뜻하는 글자를 공부해 보자. 우리가 살아가면서 맞닥뜨릴 수밖에 없는 일들이지.
바른 것과 바르지 않은 것, 아름다움의 기준, 늙고 병든다는 것, 그리고 죽음에 이른다는 것은 과연 무엇일까? 한자를 공부하면서 우리가 살아왔거나 앞으로 살아갈 세상에 대해서도 함께 고민해 보자.

'굽다'의 반대말
바를 정

바른 것은 굽은 것(曲)의 반대야. 또 정당하지 않은 것, 정직하지 않은 것, 옳지 않은 것의 반대이기도 하지. 이처럼 '바르다'라는 글자에는 많은 의미가 들어 있어.

옛날 글자를 보면 네모 아래에 사람의 발이 그려져 있어. 네모는 나라 또는 성을 나타내. 따라서 正은 다른 나라나 성을 치기 위해 사람들이 걸어가는 모습을 표현한 것이라고 할 수 있지. 다른 나라를 치기 위해서는 명분이 있어야 해. 그것도 정당하고 바른 명분이 말이지.

그럼 옳거나 바른 것은 어떻게 알 수 있을까? 어떤 기준이 있는 것일까? 나라나 단체에서 정한 법이나 제도를 잘 따르면 그게 옳고 바른 것일까?

좀 어려운 질문이지만 한 번쯤 생각해 봤으면 해. 정의나 공정 같은 가치는 하나로 정의하기는 어렵지만 나름의 기준은 있어야 하니까. 그리고 이제 우리는 세계 시민으로서 다른 나라 사람들과 더불어 살아가는 일에도 관심을 가져야 하고 말이야.

| 正 | 부수 止
총획 5획 | 一 丁 下 正 正 |

44. 크고 살찐 양은 보기에도 좋다
아름다울 미

아름다움을 뜻하는 한자가 어떻게 생겨났는지 궁금하지 않니? 아름다울 미(美)는 큰 대(大)와 양 양(羊)이 합쳐진 글자야. 이것은 크고 살찐 양은 보기에도 좋다는 뜻으로 풀이할 수 있어.

美의 갑골문에는 화려하고 아름답게 장식한 양의 머리를 쓴 사람의 모습이 그려져 있어. 옛날에는 제사를 지내거나 의식을 치를 때 제사장이 머리에 특별한 장식을 했는데, 이 글자에 그런 모습이 반영되어 있대.

우리는 아름다운 것을 좋아해. 아름다운 것을 보고, 아름다운 음악을 듣고, 아름다운 이야기를 들으면 감동을 하지. 그리고 본능적으로 아름다움을 느끼고 찾고자 해. 美에는 '아름답다' 외에 '맛나다', '즐기다', '좋다' 등의 뜻이 있어.

美	부수	羊(羊)	丶 丷 䒑 䒑 ￥ 羊 𦍌 羑 美
	총획	9획	

나이 든 지혜로운 사람

이 글자가 어떻게 노인을 나타내게 되었는지를 알려면 갑골문을 살펴봐야 해.

갑골문에는 헝클어진 긴 머리카락과 굽은 몸, 손에 지팡이를 든 사람의 모습이 그려져 있어. 그러다가 나중에 지팡이 대신 비수 비(匕. 될 화(化)의 생략형)를 넣어서 머리카락이 하얗게 변했다는 의미로 쓰게 되었어. 우리가 흔히 떠올리는 머리카락이 하얗게 변하고 굽은 몸을 지팡이에 의지한 노인의 모습인 것이지.

옛날 농경 사회에서는 노인을 존경하고, 어려운 일이 있을 때 노인을 찾아가서 지혜를 구했어. 늙을 로(老)에 '늙다'나 '쇠약하다'라는 뜻 외에 '공경하다'라는 의미가 있는 것은 그 때문이야. 그러나 산업 사회가 되면서 노인의 지위는 낮아지고 대우도 예전만 못하게 되었지.

그럼에도 여전히 노인은 오래 산 사람일 뿐만 아니라 그만큼의 지혜도 갖추고 있어. 그러니 힘든 일이 있으면 할아버지나 할머니께 여쭈어보렴. 그리고 한자에 관해서라면 이 콩샘에게 물어보고 말이야.

老	부수 老	— 十 土 耂 耂 老
	총획 6획	

몸이 아픈 것을 피할 수 없다면

병 병(病)은 병들 녁(疒)과 남녘 병(丙)이 합쳐진 글자야. '질병'이나 '근심', '앓다', '피로하다' 등을 뜻하지. 비슷한 글자로 병 질(疾)이 있어.

갑골문을 보면 이 글자가 어떻게 생겨났는지 알 수 있어. 침대에 누워 땀을 흘리는 사람이 그려져 있거든. 병에 걸려 아픈 사람을 나타낸 것이지. 앞에서 病과 비슷한 글자로 疾이 있다고 했지? 몸이 아픈 상태를 가리켜 '병'이라고 하거나 두 글자를 합쳐 '질병'이라고 해. 바깥에서 일어나 몸을 해치는 아픔을 질(疾)이라 하고 몸 안에서 생겨난 아픔을 병(病)이라고 구분하기도 해.

몸이 아프면 힘들고 괴로워. 더 심해지면 죽음에 이를 수도 있지. 불교에서는 사람을 비롯하여 모든 살아 있는 생물은 태어나서 병들고 늙고 죽는 것을 피할 수 없다고 했어. 그러니 질병을 이겨 내면서 때로는 질병과 더불어 살아가는 법도 배워야 한단다.

病	부수 疒	` 亠 广 广 疒 疒 疒 病 病 病
	총획 10획	

뼈가 부서져 흩어지니
죽을 사

이번에는 한자에 관해서라면 척척박사인 나도 한마디로 설명하기가 쉽지 않은 글자이구나. 글자 자체가 어렵다는 게 아니라 사람마다 뜻을 다르게 해석하거나 받아들일 수 있다는 뜻이란다. 그만큼 생각해 볼 것이 많은 글자이지.

죽을 사(死)는 부서진 뼈 알(歹)과 비수 비(匕)가 합쳐진 글자야. 뼈가 부서져 흩어지니 죽음이라는 의미로 풀이할 수 있겠지. 그런데 옛날 글자인 갑골문에는 匕 대신 사람 인(人)이 그려져 있기도 했어. 죽은 사람의 해골 앞에 꿇어앉아 슬퍼하는 모습을 나타낸 것이지.

여러분에게는 아직 먼일처럼 여겨지겠지만, 우리 인간은 언젠가 죽음을 맞게 돼. 그걸 알기에 죽음을 늦추고 싶어 하지. 그러나 죽음이 있기에 삶이 가치 있고 소중하다는 사실을 잊지 않았으면 좋겠구나.

"철학이란 죽음을 연습하는 일이다." 소크라테스의 이 말처럼 긍정적이고 적극적으로 하루하루를 살다 보면 언젠가 찾아올 죽음도 기꺼이 받아들일 수 있지 않을까?

死	부수 歹	一 ㄏ ㄎ 歹 歹 死
	총획 6획	

모아 읽고 익히기

지금까지 배운 한자를 정리해 봐요.
( ) 안에 한자의 뜻과 소리를 써넣으세요.
그리고 이 한자가 들어간 단어들을 반복하여 읽으면서
완벽하게 익혀 보세요.

'굽다'의 반대말 ( )	正	正답, 公正, 자正, 정正, 正體성, 不正부패, 正正당당
크고 살찐 양은 보기에도 좋다 ( )	美	美國, 美담, 美술, 진선美, 美사여구, 美風양속, 사美人曲
나이 든 지혜로운 사람 ( )	老	老人, 老화, 老후, 元老, 경老堂, 老파心, 不老長生
몸이 아픈 것을 피할 수 없다면 ( )	病	病원, 病환, 간病, 問病, 질病, 전염病, 同病상련
뼈가 부서져 흩어지니 ( )	死	死별, 死활, 고死, 生死, 전死, 不死조, 必死즉生

용기는 예스, 만용은 노!

이번 시간에는 재능, 용기, 조화, 행복을 뜻하는 글자를 공부해 보자. '재주 재(才)'는 새싹이 땅을 뚫고 나오는 모습, '날랠 용(勇)'은 무거운 종을 들어 올리는 모습, '화할 화(和)'는 곡식을 수확해서 여럿이 나누어 먹는 모습, '다행 행(幸)'은 개와 양이 함께 있는 모습을 본뜬 글자야. 모두 글자가 만들어진 유래에서 그 뜻과 활용을 떠올려 볼 수 있어.

무한한 가능성을 지닌 새싹처럼
재주 재

재주 재(才)는 풀이나 나무의 새싹이 땅을 뚫고 나오는 모습을 본뜬 글자야. 이제 막 돋아난 새싹은 연약하지만 무한한 가능성을 지니고 있어. 그리고 아무리 힘든 일이 있어도 몸을 쑥쑥 키워서 마침내 열매를 맺지.

이렇듯 무한한 가능성을 지닌 새싹처럼 우리 모두에게도 재주나 재능이 있어. 누구는 그런 재능이 일찍 드러나고, 누구는 뒤늦게 나타나지. 시기가 다를 뿐 언젠가는 그 재능이 나타나기 마련이야.

동양의 고전(古典)인『중용(中庸)』에 이런 말이 있어.

"어떤 사람은 나면서부터 알고, 어떤 사람은 배워서 알고, 어떤 사람은 애를 써서 알지만, 알고 나면 그 결과는 같다."

이 말은 타고난 재능이 남들만 못하다고 실망하지 말고 열심히 노력하면 같은 결과를 얻을 수 있다는 뜻이지. 어때, 이 말을 들으니 힘이 나는 것 같지 않아?

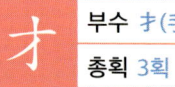

	부수 才(手)	一 十 才
	총획 3획	

용기와 만용은 한 끗 차이

날랠  勇

날랠 용(勇)은 길 용(甬)과 힘 력(力)이 합쳐진 글자야. 力은 뜻을, 甬은 소리를 나타내지. 원래 甬은 손잡이가 달린 무거운 종을 의미했어. 따라서 勇은 무거운 종을 들어 올릴 정도로 힘과 용기가 있다는 말이지. 이것은 곧 씩씩하다는 말과도 통한단다.

우리는 어떤 사람을 용기가 있다거나 용감하다고 해. 용기(勇氣)는 '씩씩하고 굳센 기운'이고, 용감(勇敢)하다는 '용기가 있으며 씩씩하고 기운차다'는 뜻이야. 아무리 상황이 좋지 않아도 옳은 일이라고 생각하기에 선뜻 나서는 것을 말하지.

옳은 일이라고 생각해도 막상 나서기는 쉽지 않아. 그래도 친구가 어려운 일을 겪고 있다면 도와주어야겠지. 다만, 앞뒤 가리지 않고 무작정 뛰어들어서는 안 돼. 그것은 용기가 아니라 만용(蠻勇)이야.

밥을 지어 나누어 먹으니
화할 화

화할 화(和)는 벼 화(禾)와 입 구(口)가 합쳐진 글자야. 벼(禾)를 수확하여 밥을 지어 여럿이 나누어 먹으니(口) '화목하다'라는 의미로 풀이할 수 있어.

그런데 갑골문에는 口 대신 피리 약(龠)이 들어갔어(龢, 화할 화). 피리 소리가 고르게 퍼져 나가니 조화롭다는 뜻이지. 그러다 나중에 龠 대신 口가 쓰이면서 지금의 글자가 되었어. '화해하다', '온화하다', '화답하다' 등의 의미로 쓰이지.

악기는 서로 어울려야 조화롭고 아름다운 음악이 돼. 만약 하나의 악기로만 된 음악이 있다면 단조롭고 조금은 따분하게 들릴 거야. 물론 하나의 악기로만 연주하는 경우도 있지만, 대부분은 여러 악기가 모여서 아름다운 화음을 만들어 내지.

꽃밭에 한 종류의 꽃만 있다면 어떨까? 그 나름으로 아름답겠지. 그러나 색깔도 모양도 제각기 다른 꽃들이 어우러져야 더 아름다운 꽃밭이 되지 않을까? 이렇게 서로 다른 것들이 제 색깔을 드러내고 제 모습을 갖되 전체로 어우러지는 것을 조화(調和)라고 해.

和	부수 口	一 二 千 禾 禾 禾 和 和
	총획 8획	

행복은 마음먹기에 달렸어

다행 행(幸)은 원래 개 견(犬)과 양 양(羊)을 합친 것이라고 해. 옛날에 개와 양은 집을 지키거나 고기를 얻는 데 없어서는 안 될 가축이었어. 그래서 개와 양을 얻으면 다행이라고 여겼을 거야.

우리가 자주 쓰는 행복(幸福)에도 이 글자가 들어가. 그럼 행복이란 무엇이고, 언제 행복하다고 느낄까? 벨기에의 작가 마테를링크가 쓴 『파랑새』에 행복에 대한 작은 가르침이 있어. 틸틸과 미틸 남매는 꿈속에서 행복을 가져다주는 파랑새를 찾아서 모험을 떠나지만 결국 빈손으로 돌아와. 그리고 집에서 기르던 새가 파랑새였다는 것을 깨닫게 되지.

이 이야기처럼 행복은 우리 가까이에 있고, 마음먹기에 따라서 행복해질 수도 불행해질 수도 있다는 사실을 잊지 마.

幸	부수 干	一 十 土 キ 并 坴 幸 幸
	총획 8획	

모아 읽고 익히기 ★★★

지금까지 배운 한자를 정리해 봐요.
( ) 안에 한자의 뜻과 소리를 써넣으세요.
그리고 이 한자가 들어간 단어들을 반복하여 읽으면서
완벽하게 익혀 보세요.

무한한 가능성을 지닌 새싹처럼 ( )	才	才담, 才략, 才원, 才치, 天才, 취才, 경世지才
용기와 만용은 한 끗 차이 ( )	勇	勇氣, 勇맹, 勇병, 勇士, 만勇, 무勇담, 勇감無쌍
밥을 지어 나누어 먹으니 ( )	和	和답, 和목, 和해, 온和, 조和, 척和비, 民主공和國
행복은 마음먹기에 달렸어 ( )	幸	幸복, 幸운, 幸운兒, 千萬多幸, 幸주大첩, 幸복추구권

88

실을 꼬고 모아서 유용하게

실 사(糸)를 부수로 하는 글자들을 공부해 보자. 작은 실타래(糸) 두 개가 모여 큰 실타래(絲), 직선이나 곡선 같은 선이나 줄(線), 글씨를 쓰는 종이(紙), 초록, 녹색 등을 아우르는 초록빛(綠)을 뜻하는 글자가 돼.

'실크 로드'라는 말이 생겨날 정도로 한나라의 중요한 수출품이었던 실이 글자에서 어떻게 쓰였는지 그 유래를 찾아서 길을 떠나 보자.

작은 실타래 두 개가 모여
실 사

실 사(絲)는 작은 실타래(糸) 두 개가 나란히 놓인 모습이야. 또는 누에고치가 죽 이어져 있는 모습 같기도 해. 원래 실 사(糸)가 실을 뜻하는 글자였는데, 지금은 주로 부수로 쓰이고, 絲가 실을 대표한단다.

옛날에는 무명, 삼베, 명주 등이 주요 옷감이었어. 무명은 솜을 자아 만든 무명실로 짠 옷감을 말하고, 삼베는 삼실로 짠 옷감을 말해. 그리고 명주는 누에고치에서 뽑은 가늘고 고운 명주실로 짠 옷감으로, 흔히 견직물 또는 비단이라고 하지. 영어로는 실크(silk)라고 해. 絲는 이 비단을 일컫는 말이야.

지금은 비단의 수요가 많지 않지만, 옛날에는 '비단길(실크 로드)'이라는 말이 생겨날 정도로 중국의 대표적 상품이었어. 또 비단은 부를 상징해서 왕이나 부자들만이 옷을 해 입을 수 있었고, 비단에 글을 쓰거나 그림을 그리는 호사를 누릴 수 있었지.

絲	부수 糸	丿 幺 幺 乡 糸 糸 紅 絲 絲 絲 絲 絲
	총획 12획	

샘물이 실처럼 길게 이어지다
실 선

실 선(線)은 실 사(糸)와 샘 천(泉)이 합쳐진 글자야. 1권에서 泉은 바위틈이나 산골짜기에서 물이 흘러나오는 모습을 본떠 만든 글자라고 했어. 이렇게 바위틈이나 산골짜기에서 시작된 물은 점점 몸집을 키우며 시내로, 강으로, 바다로 쉼없이 흘러. 그런데 그 모습이 마치 길게 이어진 실처럼 보여 이 글자를 만들게 되었대. '실' 또는 '줄', '선', '실마리' 등을 뜻해.

線은 다양한 의미로 쓰여. '선을 긋다'라고 할 때의 그어 놓은 금이나 줄, 전기가 흐르는 전선(電線), 선이 부드럽거나 거칠다고 표현할 때의 물체의 윤곽 등으로 말이야. 수학에서는 곧게 그은 금을 직선(直線), 휘게 그은 금을 곡선(曲線), 비스듬하게 그은 금을 사선(斜線)이라고 하지.

| 線 | 부수 糸 | ㄥ ㄠ ㄠ ㄠ ㄠ 糸 紀 紀 |
| | 총획 15획 | 紀 紀 紀 絹 線 線 |

파피루스에서 종이까지
종이 지

종이 지(紙)는 종이를 나타내는 글자야. 도화지, 화선지, 창호지 등에 들어가는 '지'가 모두 종이를 뜻하지. 紙의 부수는 실 사(糸)야. 종이가 발명되기 전에는 천, 그중에서도 명주 천이 종이 대신 사용되었어. 그래서 糸가 의미 요소로 쓰인 것이지.

종이가 어떻게 만들어졌는지 궁금하지 않니? 간단히 설명해 볼게. 먼저 닥나무 껍질이나 목화 섬유, 삼 껍질 같은 섬유질이 많은 재료를 잘게 다지고 곱게 갈아서 죽처럼 만들어. 이것을 물에 넣고 골고루 휘저은 다음 눈이 촘촘하고 네모난 큰 채로 고르게 떠서 펴 말리면 종이가 되지.

종이가 없었다면 인류는 지식과 정보를 기록하는 일도, 그것을 후대에 전하는 것도 할 수 없었을 거야. 서양에서는 여러해살이풀인 파피루스에 글씨를 썼는데, '종이'를 뜻하는 영어 'paper'는 이 파피루스에서 나왔어.

중국으로부터 종이 기술을 받아들인 우리나라는 신라 때 질 좋은 종이를 만들어서 불경을 인쇄하였고, 조선 시대에는 조지서라는 관청을 두어 한지(韓紙)의 품질 향상과 보급에 힘썼어.

紙	부수 糸	ノ 幺 幺 幺 糸 糸 紅 紙 紙 紙
	총획 10획	

초록은 동색

초록빛 록

55

綠

'초록빛 바닷물에 두 손을 담그면/ 초록빛 바닷물에 두 손을 담그면/ 파란 하늘빛 물이 들지요/ 어여쁜 초록빛 손이 되지요'

동요 〈초록 바다〉 중 일부야. 그런데 이상하지 않니? 우리는 바닷물 빛깔을 파란색으로 알고 있는데 노래에서는 초록빛이라고 하잖아. 사실 이것은 틀린 말이 아니야. 육지 가까이에는 식물 플랑크톤이 많은데 이것 때문에 물이 초록빛으로 보이거든. 반면에 식물 플랑크톤이 적은 먼 바다는 파란색으로 보이고 말이야. 이렇게 노래 가사에도 과학이 숨어 있단다.

초록빛 록(綠)은 초록, 녹색 등을 나타내는 글자야. 뜻을 나타내는 실 사(糸)에 염료를 보자기에 넣어 쥐어짜는 모습을 표현한 새길 록(彔)이 합쳐져서 '초록빛'이라는 의미로 쓰이지. 옛날에는 이렇게 자연에서 염료를 채취하여 천을 염색했어.

'초록은 동색'이라는 말이 있어. 풀색과 녹색은 같은 색이라는 뜻으로, 처지가 같은 사람들끼리 뜻이 맞는 경우를 가리키지.

綠	부수 糸	𠃋 幺 幺 糸 糸 糸 糸' 紵 紵
	총획 14획	紵 紵 綒 綠 綠

모아 읽고 익히기 ★★★

지금까지 배운 한자를 정리해 봐요.
( ) 안에 한자의 뜻과 소리를 써넣으세요.
그리고 이 한자가 들어간 단어들을 반복하여 읽으면서
완벽하게 익혀 보세요.

작은 실타래 두 개가 모여 ( )	**絲**	견絲, 나絲, 면絲, 세絲, 銀入絲, 一絲不란
샘물이 실처럼 길게 이어지다 ( )	**線**	線分, 능線, 복線, 시線, 등高線, 포물線, 下行線
파피루스에서 종이까지 ( )	**紙**	紙갑, 紙폐, 봉紙, 편紙, 표紙, 休紙, 圖화紙
초록은 동색 ( )	**綠**	綠음, 綠차, 綠화, 상綠樹, 압綠江, 엽綠소, 綠음방草

입에 침이 고이니, 살았다!

지금까지 물 수(水)를 부수로 하는 한자가 여러 번 나왔어. 그만큼 많이 쓰이고 중요하다는 의미야. 물이 푸를 청(靑)과 만나면 푸르다 못해 맑아지고(淸), 침(水)이 혓바닥에 고이면 생기가 돌며(活), 강(水) 주변에는 모래(沙)가 쌓여. 그리고 김이 모락모락 나는 것은 따뜻하다(溫)는 것이지.
자유자재로 변신하는 물을 따라서 신나는 여행을 떠나 보자.

56 淸

물이 푸르도록 맑으니

맑을 청

맑을 청(淸)은 물 수(水)와 푸를 청(靑)이 합쳐진 글자야. 우물 주변에 푸릇푸릇하게 돋아난 풀과 같은 빛깔의 靑에 水가 더해져서 물이 푸르도록 맑고 깨끗하다는 뜻을 나타내지.

비가 많이 오는 날을 떠올려 보자. 폭우가 한바탕 쏟아지면 그 물에 휩쓸린 흙으로 인해 강은 온통 흙탕물이 돼. 그러나 비가 개고 하루 이틀 지나면 언제 그랬냐 싶게 흙은 가라앉고 물은 원래대로 맑아져. 淸은 이렇게 맑은 물을 표현한 거야. 그리고 바다나 강에서 물이 정말 맑은 곳은 푸른빛으로 보이는 경험을 해 보았을 거야.

淸은 날씨나 소리, 몸가짐 등이 맑거나 깨끗한 것 외에도 '탐욕이 없다'라는 뜻도 있어. 성품과 행실이 높고 맑으며, 탐욕이 없는 것을 청렴(淸廉)이라고 하고, 그런 관리를 청백리(淸白吏)라고 해.

그럼 맑은 것에 반대되는 것은 무엇일까? 흐린 것이지? 한자로는 흐릴 탁(濁)이라고 해. 그리고 맑음과 흐림을 아울러 청탁(淸濁)이라고 하지. 남에게 부탁하는 청탁(請託)과는 한자가 다르니 주의하자.

| 淸 | 부수 氵(水) | 丶 丷 氵 氵 氵 汁 浐 浐 淸 |
| | 총획 11획 | 淸 淸 |

혀에 침이 고이다
살 활

살 활(活)은 물 수(水)와 혀 설(舌)이 합쳐진 글자야. 사람이 살아가려면 음식을 먹어야 해. 배가 고플 때 음식을 보면 혀(舌)에 침(水)이 고이지? 活은 그 모양을 나타낸 글자란다.

그런데 원래는 물 흐르는 소리를 흉내 낸 것이었다고 해. 水와 물소리 괄(氏+口)이 더해져서 '물이 세차게 흐르다'라는 뜻이었대. 그래서 活은 '물 콸콸 흐를 괄'로도 쓰이지.

'살다', '생기가 있다' 등의 뜻을 가진 活은 우리가 평소에도 많이 쓰는 글자야. 생활(生活)은 사람이나 동물이 일정한 환경에서 활동하며 살아가는 것을 뜻하고, 활동(活動)은 몸을 움직여서 행동하는 것을 가리키지. 활동력이 있거나 활발한 기운을 활기(活氣)라고 하고, 힘이 넘치고 생기가 가득한 것은 활기차다고 해.

活	부수 氵(水)	丶 丶 氵 氵 汀 汗 汗 活 活
	총획 9획	

강 주변에 흩어져 있는 작은 모래

모래

개울 상류에는 큰 바위들이 있고 여기저기 흩어져 있는 돌들도 크지. 그러나 중류로 내려오면 자갈이 많고, 하류로 내려오면 고운 모래가 강 주위에 펼쳐져 있어. 모래 사(沙)는 강 주변에 흩어져 있는 작은 모래를 나타내는 글자야.

'모래'나 '사막'이라고 하면 무엇이 떠오르니? 아마 낙타가 생각날 거야. 낙타는 오랫동안 물을 마시지 않아도 버틸 수 있고, 속눈썹이 길어서 모래바람을 막을 수 있으며, 발바닥이 넓고 발가락이 가늘어서 모래에서도 잘 달릴 수 있지. 지금처럼 교통이 발달하지 않았을 때는 대상(隊商)이 낙타에 짐을 싣고 사막을 오갔어. 비단길을 뜻하는 실크 로드도 이렇게 해서 생겨난 길이야.

물 수(水) 대신 돌 석(石)이 들어간 모래 사(砂)를 쓰기도 해. 봄에 중국에서 불어오는 누런 모래인 황사는 '黃沙' 또는 '黃砂'라고 하지. 옛날에는 중국에서 황사가 불어올 때 비를 만나 흙비가 내리면 농사가 잘 되었다고 해. 그런데 지금은 미세 먼지와 중금속이 섞인 황사 때문에 큰 사회 문제가 되고 있단다.

沙	부수 氵(水)	丶 冫 氵 沙 沙 沙 沙
	총획 7획	

따뜻한 물에서 유래한
따뜻할 온

원래 글자는 김이 모락모락 피어오르는 큰 대야에서 몸을 씻는 사람의 모습을 본떴다고 해. 김이 나는 물이니 따뜻하고, 몸을 씻으니 따뜻해지니까 '따뜻하다'라는 뜻이 나왔어.

따뜻할 온(溫)은 물 수(水)가 부수로 쓰인 것에서 알 수 있듯 원래 따뜻한 물을 나타내는 글자였어. 따뜻한 물을 온수(溫水)라고 하는 것처럼 말이야. 그러다 지구의 기온이 높아지는 현상인 온난화(溫暖化), 따뜻함과 차가움의 정도인 온도(溫度), 사람 몸의 온도인 체온(體溫)처럼 일반적인 의미의 따뜻함까지 아우르게 되었어.

더 나아가 마음의 따뜻함을 나타낼 때도 이 글자를 쓴단다. 따뜻한 사랑이나 인정을 온정(溫情)이라고 하고, 성격이나 태도가 따뜻하고 부드러운 것을 온화(溫和)하다고 하지.

溫	부수 氵(水)	` ` 氵 氵 汀 沪 沪 沪 沪
	총획 13획	渭 渭 溫 溫

모아 읽고 익히기

지금까지 배운 한자를 정리해 봐요.
( ) 안에 한자의 뜻과 소리를 써넣으세요.
그리고 이 한자가 들어간 단어들을 반복하여 읽으면서
완벽하게 익혀 보세요.

물이 푸르도록 맑으니 ( )	淸	淸렴, 淸明, 淸소, 淸탁, 조淸, 淸白리, 淸량음료
혀에 침이 고이다 ( )	活	活氣, 活동, 부活, 生活, 生活力, 재活용, 活빈당
강 주변에 흩어져 있는 작은 모래 ( )	沙	沙구, 沙金, 沙막, 沙발, 山沙태, 沙上누각
따뜻한 물에서 유래한 ( )	溫	溫대, 溫和, 氣溫, 상溫, 溫난화, 三한四溫, 溫室효果

100

먹고 마시고 노래하라

'밥 식(食)'은 음식을 담은 그릇에서 나온 글자야. '밥'은 물론 '먹(이)다', '끼니' 등 음식과 관련한 글자에 쓰이지. '마실 음(飮)'은 입을 크게 벌리고 혀를 내밀어 항아리에 든 술을 마시는 모습을 본뜬 글자이고, '노래 가(歌)'는 하품하듯이 입을 크게 벌리고 노래하는 것을 나타내지.

먹고, 마시고, 노래하고…… 입으로 하는 즐거운 일들을 나타내는 글자를 공부하러 가 보자.

'밥 인사'에 담긴 뜻

우리나라 사람들은 아는 사람을 만나면 으레 밥을 먹었느냐고 물어보곤 하지? 식사 시간도 아닌데 말이야. 만나는 사람마다 이렇게 물어보면 살짝 짜증이 나기도 해. 그러나 이 말에는 단순히 밥을 먹었는지를 확인하는 것만이 아니라 건강과 안부를 묻고 정을 표현하는 등 여러 가지 의미가 함축되어 있어.

밥 식(食)은 음식을 담은 그릇에서 나왔어. 옛날 글자를 보면 굽이 높은 그릇과 뚜껑이 그려져 있어. 이렇게 그릇에 담은 음식은 밥이라는 것을 떠올려 볼 수 있지.

그릇에 밥을 담아 먹는 데서 '밥'이라는 뜻이 생겨났고, 밥을 함께 '먹다'라는 의미로 확장되었어. 그 밖에 '음식', '끼니', '생계', '제사' 등의 의미가 있어. 밥을 먹는 일을 식사(食事)라고 하고, 한집에서 함께 살면서 끼니를 같이하는 사람을 식구(食口)라고 하지. 우리나라 고유의 음식이나 식사는 한식(韓食)이라고 하고 말이야.

참, 食이 부수로 쓰일 때는 '飠' 또는 '𩙿' 모양으로 바뀐다는 사실을 기억해 두자.

食	부수 食 총획 9획	ノ 人 𠆢 𠆢 今 今 今 食 食

입을 벌리고 혀를 내밀어
마실 음

마실 음(飮)은 사람이 입을 크게 벌리고 혀를 내밀어 항아리에 든 술을 마시는 모습을 그린 것이라고 해. 본래 '술을 마시다'라는 의미였지. 그러다 술은 물론 물, 음료 등을 두루 마시는 의미로 쓰이게 되었어. 이 글자의 부수는 '飠'인데, '食'이 변한 것이라는 걸 알아볼 수 있겠지?

마실 수 있는 액체를 일컬어 음료(飮料)라고 해. 마실 수 있는 물은 음료수(飮料水)라고 하지. 그런데 지금은 구분 없이 사용하고 있어. 음료 중에서 우리가 즐겨 마시는 청량음료는 이산화탄소가 들어 있어 맛이 산뜻하고 시원한 음료를 이르는 말이지.

우리 몸의 70퍼센트가 물로 이루어져 있다고 할 만큼, 물은 소중한 물질이야. 몸에 물이 조금이라도 부족하면 여기저기 아픈 증상이 나타나지. 그런데 아프리카 일부 국가에서는 먹을 물을 구하기가 쉽지 않아서 아이들이 오염된 물을 먹고 배탈이 나거나 심하면 목숨을 잃는다는구나. 늘 물을 아껴 쓰고, 가끔씩이라도 이런 아이들의 처지도 생각해 봤으면 해.

飮	부수 飠(食)	ノ 𠆢 𠆢 亼 亼 今 𠆢 𠆢 𠆢 𠆢 飮 飮 飮
	총획 13획	

62 歌

하품하듯 입을 크게 벌리고
노래 가

여러분은 노래 부르는 거 좋아해? 우리나라 사람치고 노래를 싫어하는 사람은 많지 않은 것 같아. 노래를 부를 때는 입을 크게 벌리고 소리를 크게 내야 해. 노래 가(歌)에는 이런 노래 부르는 모습이 잘 드러나 있어. 노래 가(哥)에 하품 흠(欠)이 결합되어 있거든.

欠은 하품을 하듯이 입을 크게 벌린 사람을 그린 모양이야. 그래서 하품 등 호흡과 관련한 것은 물론 노래하거나 마시는 등 입으로 하는 행위를 뜻하는 글자에 두루 쓰이지.

이처럼 이 글자는 이미 '노래하다'라는 뜻이 있는 哥에, 하품을 뜻하는 글자 欠을 더해서 노래한다는 의미를 더욱 강조하고 있어.

노래는 '놀다'에서 나온 말이야. 일하다 힘이 들거나 속이 상하거나 기쁜 일이 있으면 자기도 모르게 밖으로 소리를 내어서 표현하게 돼. 한숨을 쉬거나 기쁨의 소리를 지르는 것이지. 이렇게 짧은 소리들이 더 길어지고 가락을 띠면서 노래가 되었어. 그래서 함께 노래를 부르면 서로의 마음을 울리고 더 강한 연대감을 갖게 되는 게 아닐까?

歌	부수 欠	一 ┌ 可 可 可 叿 叿 叿 叿 哥
	총획 14획	哥 哥′ 哥′ 哥′ 歌

지금까지 배운 한자를 정리해 봐요.
( ) 안에 한자의 뜻과 소리를 써넣으세요.
그리고 이 한자가 들어간 단어들을 반복하여 읽으면서
완벽하게 익혀 보세요.

'밥 인사'에 담긴 뜻 ( )	食	곡食, 급食, 단食, 양食, 飮食, 衣食주, 無위도食
입을 벌리고 혀를 내밀어 ( )	飮	飮료, 飮복, 飮용, 과飮, 米飮, 飮食점, 飮水사원
하품하듯 입을 크게 벌리고 ( )	歌	歌무, 歌사, 歌手, 歌요, 향歌, 애國歌, 公無도하歌

105

화장으로 얼굴을 꾸며 보자

이번 시간에는 사람 인(人)이 들어간 글자들을 공부해 보자. 그중에서도 사람이 몸이나 마음을 움직여서 하는 일들 말이야.

두 사람이 서로 엇갈린 모습에서 나온 '될 화(化)'는 현상이나 상태를 바꾸는 것이고, '대신할 대(代)'는 어떤 일이나 역할을 대신해 주는 것을 뜻해. '믿을 신(信)'은 사람을 믿는 것이고, '지을 작(作)'은 도구를 이용하여 집이나 옷 등을 짓는 것을 말하지.

바로 선 사람과 거꾸로 선 사람

될 화(化)는 사람 인(人)과 비수 비(匕)가 합쳐진 글자야. 바로 선 사람(人)과 거꾸로 선 사람(匕)의 모습을 형상화한 것이지. 이렇게 두 사람이 서로 엇갈려 있는 모습에서, 가르쳐서 바르게 되거나 삶에서 죽음으로 가거나 또는 재주를 부리는 것으로 풀이를 하곤 해.

글자의 유래에서 알 수 있듯 化는 어떤 현상이나 상태로 바뀌거나 변하는 것을 가리키지. 우리 인간을 비롯하여 생물이 계속 변화하는 것을 진화(進化)라고 하는데, 삼엽충이나 공룡 등의 화석(化石)에서 그 진화의 흔적을 엿볼 수 있어.

우리가 얼굴을 예쁘게 꾸미는 일, 곧 화장(化粧)도 변화하고자 하는 마음을 나타내는 거야. 얼굴만이 아니라 마음도 예쁘게 꾸민다면 더 멋진 사람이 될 수 있겠지!

化	부수 匕	ノ 亻 亻 化
	총획 4획	

친구의 일을 기꺼이 해 줄 수 있어
대신할 대

내가 친구의 역할이나 일을 떠맡아 할 때 '대신하다'라고 하지? 친구가 몸이 아프거나 바쁜 일이 있다면 친구가 해야 할 일을 기꺼이 대신해 줄 수 있어.

대신하다는 뜻을 가진 대신할 대(代)는 사람 인(人)에 주살 익(弋)이 합쳐졌어. 弋은 '줄 달린 화살' 외에도 '말뚝'이라는 뜻이 있는데, 여기서는 '말뚝'의 의미로 쓰였어.

말뚝과 줄이 연결되듯 사람도 세대를 넘어 이어져서 지금에 이르고 있어. 代에 '대신하다'나 '교체하다'는 물론 '시대'나 '세대'의 뜻이 있는 것도 이 때문이야.

대명사(代名詞)는 사람이나 사물의 이름을 대신 나타내는 말이고, 대타(代打)는 어떤 일을 원래 하던 사람을 대신하여 하는 사람이나 야구에서 다른 타자 대신 공을 치는 일을 말하지.

또 고려 시대, 조선 시대처럼 어떤 특별한 기준을 가지고 시기를 구분한 말을 시대(時代)라고 하고, 할아버지에서 아버지와 나로 핏줄로 이어지는 것을 세대(世代)라고 하지.

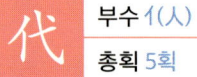

부수 亻(人)	ノ 亻 仁 代 代
총획 5획	

친구 사이에는 믿음이 중요해

믿을

우리가 이 세상을 살아가면서 꼭 지켜야 할 중요한 도리 가운데 하나가 믿음 또는 신뢰가 아닐까? 부모와 자식, 형제, 친구 사이에 서로 믿지 못한다면 그 관계는 오래가지 못할 거야. 만약 친구 사이에 믿음이 없다면 그 친구가 어떤 말을 하든 믿을 수 없고, 결국 우정은 깨지겠지.

옛날에는 사람이 지켜야 할 다섯 가지 도리를 오륜(五倫)이라고 했는데, 여기에 벗과 벗 사이에는 믿음이 있어야 한다는 붕우유신(朋友有信)이 들어 있을 만큼 믿음을 중요하게 여겼어.

믿을 신(信)은 사람 인(人)과 말씀 언(言)이 합쳐진 글자야. 사람의 말은 믿을 수 있어야 한다는 뜻이지. 사람이 하는 말은 진실해야 하기에 이 글자로 믿음, 신뢰, 성실함을 나타내게 되었어.

어떤 사람이 마음속으로 굳게 믿고 이루려고 하는 생각을 신념(信念)이라고 하고, 평생을 살아가면서 기준으로 삼는 마음의 자세를 신조(信條)라고 해. 그러나 어떤 일이든 옳고 그름을 가리지 않고 덮어놓고 믿지 않도록 조심해야 하지.

信	부수 亻(人)	ノ 亻 亻 亻 信 信 信 信 信
	총획 9획	

베틀로 옷을 짓듯
지을 작

사람 인(人)과 잠깐 사(乍)가 합쳐진 글자야. 원래 '乍'는 베틀로 옷을 짓는 모습을 본떠 만든 글자인데 '만들다'라는 뜻이 있었어. 그런데 '乍'가 '잠깐'의 뜻으로 쓰이자, 人을 더하여 본래의 뜻을 더 분명히 했어.

이처럼 지을 작(作)은 사람이 도구를 가지고 옷, 집, 건물 등을 짓거나 만드는 일을 두루 가리킨단다. 또한 글을 쓰거나 그림을 그리는 등 예술품을 만들어 내는 일을 가리키는 말에도 이 글자가 들어가지. 일을 하는 작업(作業), 땅을 갈아서 농사를 짓는 경작(耕作), 글을 짓는 작문(作文), 새로 예술품을 만들어 내는 창작(創作)처럼 말이야. 이름을 짓는 작명(作名)도 여기에 넣을 수 있겠구나.

사람들 대부분은 먹고살기 위해서 일을 하지만, 어떤 사람들은 그것을 넘어서서 다른 사람의 마음을 움직이는 특별한 일을 하기도 해. 글을 쓰거나 그림을 그리거나 사진을 찍는 것으로 말이야. 그들을 작가(作家)라고 한단다.

作	부수	亻(人)
	총획	7획

ノ 亻 亻 亻 竹 作 作

모아 읽고 익히기

★★★

지금까지 배운 한자를 정리해 봐요.
( ) 안에 한자의 뜻과 소리를 써넣으세요.
그리고 이 한자가 들어간 단어들을 반복하여 읽으면서
완벽하게 익혀 보세요.

바로 선 사람과 거꾸로 선 사람 ( )	化	化石, 化장, 美化, 변化, 진化, 光化門, 千변萬化
친구의 일을 기꺼이 해 줄 수 있어 ( )	代	代가, 代표, 時代, 현代, 기성世代, 代代孫孫, 新진代사
친구 사이에는 믿음이 중요해 ( )	信	信념, 信뢰, 信앙, 所信, 자信감, 자信만만
베틀로 옷을 짓듯 ( )	作	作별, 作品, 걸作, 동作, 시作, 타作, 부作용

한자를 왜 자꾸 써 보아야 할까?

누구나 편한 것을 좋아해

이번 시간에도 우리가 하는 일과 관련한 글자를 공부해 보자. 사람이 살거나(住), 다른 사람에게 일을 시키거나(使), 불편한 것을 고쳐서 편하게(便) 만드는 일 말이야.

이 글자들도 사람 인(人)이 부수로 쓰였어. 모두 사람과 관련이 있다는 말이지. 이제 부수만 보고도 한자의 뜻을 대략 알 수 있겠지? 한자는 뜻글자여서 글자가 만들어진 원리를 알면 이해하기가 쉽단다.

집에 불이 켜져 있으니
살 주

우리가 사는 곳을 집이라고 하고, 한자로는 주택(住宅)이라고 해. 우리는 아파트 같은 큰 규모의 공동 주택에서 여러 가구와 함께 살 수도 있고, 단독 주택에서 한 가족만 살 수도 있어. 집의 형태가 어떻든 각자의 방법으로 살아가고 있지.

그럼 '살다', '거주하다'라는 뜻을 가진 살 주(住)는 어떻게 생겨났을까? 부수로 쓰인 사람 인(人)과 주인 주(主)가 합쳐진 글자야. 主는 '주인'을 뜻하는 글자로, 1권에서 공부한 것처럼 촛대 모양으로 생긴 등잔(㞢) 위에 불꽃 심지(丶)가 있는 모습을 본떠 만들었어. 다시 말해 등불을 나타낸 것이지.

집에 불이 켜져 있으면 누군가 있다는 뜻이겠지? 반면에 캄캄하다면 집에 사람이 없다는 의미일 거야. 이렇듯 住는 사람이 몸담고 살아가는 일이나 그 공간을 가리키는 말에 쓰인단다.

| 住 | 부수 亻(人) |  |
| | 총획 7획 | |

윗사람이 아랫사람에게 일을 시키다
하여금/시킬 사

하여금/시킬 사(使)는 사람 인(人)과 벼슬아치 이/리(吏)가 합쳐진 글자야. 윗사람이 아랫사람에게 일을 시킨다는 의미로 풀이할 수 있어. 使에는 '하여금'이나 '시키다' 외에 '부리다', '쓰다', '따르다' 등의 뜻이 있어. 또한 사역 동사로서 무엇을 시키는 것을 뜻하지.

옛사람들은 모여 살면서 함께 농사를 짓고 짐승을 사냥했어. 그런데 이런 일은 어렵고 힘들어. 누군가 대신해 주면 좋겠지? 그래서 지위가 높거나 힘이 센 사람이 약한 사람을 부리게 되었어. 나중에는 노예제 같은 제도를 만들어서 노예에게 힘든 일을 하게 했지.

옛날과는 형태는 다르지만 지금도 명령하는 사람이 있고, 따르는 사람이 있어. 아이는 집에서는 부모님의 말씀을 따르고, 학교에서는 선생님의 말씀을 따라야 해. 또 회사에서는 아랫사람은 윗사람의 말에 따라야 하지. 이렇게 우리 사회는 나름의 규칙과 질서를 바탕으로 유지되고 있단다.

使	부수 亻(人)	ノ 亻 亻 仁 伫 使 使
	총획 8획	

불편한 것을 고쳐서 편하게
 편

편할 편(便)은 사람 인(人)에 고칠 경(更)을 더한 글자야. 更은 탁자와 회초리를 그린 글자인데 잘못을 저지르면 매를 들어 바로잡는다는 뜻이라고 할 수 있어. 따라서 便은 사람이 불편한 것을 고쳐서 편하게 하는 것으로 풀이할 수 있지.

우리는 편한 것을 참 좋아해. 서 있으면 앉고 싶어 하고, 앉으면 눕고 싶어 하지. 그러다 자기도 모르게 잠이 들게 되고 말이야. 내일 시험인데 공부를 다 마치지 못하고 잠이 들었다면 정말 큰일이겠지. 이렇게 사람은 편안함이 이끄는 대로 몸을 움직이려 하고, 자기도 모르게 그 편안함에 금세 익숙해지지.

그러나 때로는 불편하거나 귀찮더라도 해야 하는 일이 있어. 몸이 아프거나 불편한 친구를 돕는 것도 그렇고, 잘못한 친구에게 진심 어린 사과의 편지를 써 보내는 일도 그렇지.

便은 '편하다', '아첨하다' 등을 뜻할 때는 '편'으로 읽고, 똥오줌을 뜻할 때는 '변'으로 읽어. 대변(大便)은 '똥'을, 소변(小便)은 '오줌'을 이르는 말이지. 다 알고 있다고?

便	부수 亻(人)	ノ 亻 亻 亻 亻 佢 佢 便 便
	총획 9획	

모아 읽고 익히기

지금까지 배운 한자를 정리해 봐요.
( ) 안에 한자의 뜻과 소리를 써넣으세요.
그리고 이 한자가 들어간 단어들을 반복하여 읽으면서
완벽하게 익혀 보세요.

집에 불이 켜져 있으니 ( )	住	住民, 住所, 住택, 상住, 이住, 거住地, 영住권,
윗사람이 아랫사람에게 일을 시키다 ( )	使	使命, 使용, 使者, 노使, 大使, 白衣天使, 함흥차使
불편한 것을 고쳐서 편하게 ( )	便	便법, 便승, 우便, 大小便, 便利성, 便의점, 임時方便

모든 것은 '말'에서 시작되지

'말씀 언(言)'을 부수로 하는 한자들을 공부해 보자. 모든 것은 '말'에서 시작돼. 입을 벌리고 혀를 내민 모습을 본뜬 言은 말이나 글, 대화, 독서 등 말과 관련된 행위를 뜻하는 글자들을 대표하지.

言이 어떻게 만들어졌고, 다른 글자들과 어울려 어떤 활약을 하는지 살펴보자.

70 뜻을 담은 말을 나타내는 말씀 언 言

우리는 2권에서 소리 음(音)을 배울 때 말씀 언(言)에 대해서 잠깐 살펴보았어. 옛날에는 言으로 말과 소리를 다 나타내다가, 입 구(口)에 가로획을 그어 소리를 뜻하는 글자인 音을 만들었어. 言은 뜻을 담은 말을, 音은 노래를 부르거나 중얼거리는 소리 등을 나타내.

言은 입을 벌리고 혀를 내민 모습을 본뜬 글자야. '말'이나 '말씀' 또는 '견해', '글', '언론', '묻다', '적어 넣다' 등 말하는 것과 관련된 글자를 대표하지.

말을 통틀어서 언어(言語)라고 하고, 말을 하는 것을 발언(發言)이라고 해. 덧붙여 말하는 것은 부언(附言), 아무런 말도 하지 않는 것은 묵언(默言)이라고 하지. 일제가 불법으로 우리나라를 강제 점령하였을 때 우리 민족은 세계만방에 독립선언(獨立宣言)을 해서 당당한 독립국임을 밝혔지.

그런데 거의 쓰이는 글자는 아니지만 言이 두 개 나란히 놓이면 말다툼할 경(誩)이 된단다. 말을 주고받다가 말다툼으로 번져서는 안 되니 늘 말을 조심해야겠지.

言	부수 言 총획 7획	丶 亠 亍 三 言 言 言

기록은 솔직하게
기록할 기

여러분은 일기를 쓰니? 일기(日記)는 그날그날 일어난 일을 적은 글이야. 일어난 일을 중심으로 쓸 수도 있고, 일어난 일에 관한 자기 생각이나 느낌을 기록할 수도 있어. 어떻게 쓰든 상관없지만 솔직하게 그리고 꾸준히 기록하는 것이 중요하지.

이번 시간에는 '일기'에서 '기(記)'라는 한자를 공부해 보자. 記는 말씀 언(言)과 나/여섯째 천간 기(己)가 합쳐진 글자야. 己는 1권에서 구불구불한 새끼줄 모습에서 가져왔다고 했어. 따라서 記는 말하려는 것을 새끼줄을 엮듯이 머릿속에 차곡차곡 보관한다는 의미로 풀이할 수 있어. 그것을 꺼내어 문자로 쓰면 기록이 되는 것이지.

아무리 기억력이 좋은 사람이라도 모든 일을 다 기억할 수는 없어. 기억은 때로 잘못 저장되기도 하고 말이야. 그래서 사실대로 솔직하게 기록하는 것이 중요하지. 기록의 방법은 다양해. 옛날에는 짐승의 뼈나 돌, 동굴 벽에 그림이나 문자로 기록했다면 지금은 컴퓨터나 일기장 등에 기록을 하지.

記	부수 言	` ㅗ ㅗ ㅗ 言 言 訂 訂 記
	총획 10획	

72

말을 잘하려면 어떻게 해야 할까?

말할 화

말할 화(話)는 말씀 언(言)과 혀 설(舌)이 합쳐진 글자야. 혀를 움직여 말하는 것을 뜻한다고 할 수 있지. 그런데 오래전 글자는 舌이 아니라 입 막을 괄(昏)이 쓰였어. 이 글자는 모인다는 뜻의 회(會)와 섞여서 쓰였지. 그래서 話는 모여서 좋은 말을 나눈다는 뜻이 되었어. 옛날에는 나라에서 가르침을 듣지 않는 사람을 모아서 좋은 말로 가르치고 타일렀다고 해.

친구와 말을 할 때는 서로 마주 보고 해야 해. 이것을 대화(對話)라고 하지. 혼자 하는 말이나 친구의 등에 대고 하는 말은 대화라고 할 수 없을 거야. 말을 잘하는 능력, 곧 말재주를 화술(話術)이라고 하는데, 사실 말을 잘하는 친구를 보면 부럽기도 해. 그래서 '말을 잘하는 기술' 같은 책을 보거나 인터넷 등에서 정보를 찾지만 내가 원하는 대답을 찾기는 쉽지 않아.

전문가들은 말을 잘하는 가장 좋은 방법은 솔직함이라고 해. 말을 유창하게 하는 능력 못지않게 진심을 담아서 하는 말이 상대를 움직인다는 것이지.

話	부수 言
	총획 13획

물이 흐르듯 가르침도 이치에 맞게

가르칠

한때 내 직업은 선생님이었어. 아이들에게 철학과 인문학을 가르쳤지. 가르칠 훈(訓)은 이런 선생이라는 내 직업을 알려 주기에 안성맞춤인 글자인 것 같구나.

訓은 말씀 언(言)과 내 천(川)이 합쳐진 글자야. 물이 위에서 아래로 흐르듯 말로 하는 가르침 또한 그렇게 자연스럽게 해야 한다는 뜻이지. 자연스럽다는 말은 이치에 맞다는 뜻이야. 아무리 좋은 말이나 가르침도 이치에 어긋나면 안 하느니만 못하단다.

'훈민정음(訓民正音)'에 대해서 들어 봤니? 1443년에 세종 대왕이 창제한 우리나라 글자를 이르는 말로, '백성을 가르치는 바른 소리'라는 뜻이야. 이로써 우리는 비로소 우리 글자로 우리말을 배우고 말할 수 있게 되었지. 지금은 우리나라의 위상이 크게 높아지면서 우리말 또한 많은 나라 사람들이 관심을 갖고 배우려 한단다.

배우는 기쁨과 가르치는 즐거움은 사람이 세상을 살아가면서 얻는 기쁨과 즐거움 가운데 아주 높고 귀한 것이란다. 이제 한자를 익히면서 이 기쁨과 즐거움을 다시금 느껴 보자.

| 訓 | 부수 言
총획 10획 | ` 一 〒 三 言 言 言 訓 訓 訓 |

讀

책 읽기는 중요해

읽을 독

책을 읽는 것을 독서라고 하지? 독서의 '독'이 바로 오늘 배울 한자인 읽을 독(讀)이야. 讀은 말씀 언(言)과 팔 매(賣)가 합쳐진 글자이지. 장사꾼이 물건을 팔 때 소리를 지르듯 글을 소리 내어 읽는다는 데서 '읽다'를 뜻하게 되었다고 해. 또는 물건을 파는 행상처럼 이 집 저 집 다니며 글을 대신 읽어 주는 사람을 뜻하기도 했어.

讀이 들어가는 대표적인 단어는 독서(讀書)야. 활자로 된 기록물을 읽는 것을 가리키지. 글의 참뜻을 바르게 파악하는 것은 정독(正讀), 그 반대는 오독(誤讀), 많이 읽는 것은 다독(多讀)이라고 해.

그런데 지금은 읽을거리, 볼거리가 넘쳐 나면서 책을 멀리하게 되었어. 책을 읽는 대신 게임이나 SNS를 하고, 책 내용이 필요하면 스마트폰 앱으로 요약본을 보고 말이야. 시대에 따라 독서법이 변하는 것은 어쩔 수 없지만, 스스로 생각하고 판단하는 힘을 기르는 데 책만 한 것이 없다는 것을 알아 두었으면 좋겠구나.

讀은 구두점(句讀點), 이두(吏讀)처럼 '구절 두'로도 쓰인단다.

讀	부수 言
	총획 22획

모아 읽고 익히기

지금까지 배운 한자를 정리해 봐요.
( ) 안에 한자의 뜻과 소리를 써넣으세요.
그리고 이 한자가 들어간 단어들을 반복하여 읽으면서
완벽하게 익혀 보세요.

뜻을 담은 말을 나타내는 ( )	言	言론, 言어, 名言, 方言, 허言, 身言서판, 독立선言
기록은 솔직하게 ( )	記	記록, 記억, 記호, 史記, 필記, 身변잡記, 열하日記
말을 잘하려면 어떻게 해야 할까? ( )	話	話술, 話者, 담話, 대話, 설話, 우話集, 電話番호
물이 흐르듯 가르침도 이치에 맞게 ( )	訓	訓련, 訓령, 訓手, 訓육, 家訓, 급訓, 訓몽字會
책 읽기는 중요해 ( )	讀	讀者, 讀해, 낭讀, 정讀, 판讀, 구讀점, 讀後감

생각하고 미워하고 정을 건네는 마음

이번 시간에는 마음 심(心)을 부수로 하는 글자들을 공부해 보자.
心에 정수리 신(囟)이 더해지면 머리와 가슴으로 깊이 생각한다는 뜻의 '생각할 사(思)'가 되고 버금 아(亞)가 더해지면 '나쁘다', '악하다'는 뜻의 '악할 악(惡)'이 되지. 그리고 푸를 청(靑)이 더해진 '뜻 정(情)'은 사랑이나 친근감을 느끼는 마음을 의미해.
이 모든 것은 마음이 하는 일이야. 그러니 우리 마음이 좋은 쪽으로 움직이게 해 보자.

머리와 가슴으로 깊이 생각하다
생각할 사

생각할 사(思)는 얼핏 보면 밭 전(田)과 마음 심(心)이 합쳐진 것 같아. 그러나 원래는 사람의 정수리(囟, 정수리 신)와 가슴(心)을 뜻하는 두 글자가 결합했대. 정수리는 머리를 가리키니, 思는 머리와 가슴으로 깊이 생각한다는 의미라고 할 수 있지.

이처럼 思는 '생각(하다)', '정서', '의사' 등 생각과 관련한 글자에 두루 쓰여. 어떠한 사물에 대해 가지고 있는 구체적인 사고나 생각을 사상(思想)이라고 하고, 무엇을 하고자 하는 생각을 의사(意思)라고 해. 우리는 말이나 행동으로 의사소통(意思疏通)을 하지.

프랑스의 철학자 파스칼은 "사람은 생각하는 갈대"라고 했어. 사람은 이 넓은 우주 안에서 바람에 흔들리는 갈대처럼 연약하지만 생각을 하기 때문에 높고 귀하다고 했지.

파스칼과 같은 시대를 살았던 철학자 데카르트는 "나는 생각한다. 그러므로 나는 있다"라고 했어. 나는 다른 것도 아닌 생각하는 나이며, 나의 생각하는 능력이 나의 본바탕을 이룬다는 것이지. 그리고 이런 나의 생각을 모든 앎과 판단의 바탕으로 삼아야 한다고 했어.

思	부수 心	丶 冂 冋 田 田 田 思 思 思
	총획 9획	

惡 곱지 못한 나쁜 마음
악할 악

악할 악(惡)은 마음 심(心)과 버금 아(亞)가 합쳐진 글자야. 亞는 무덤구덩이를 본뜬 글자인데 나쁜 뜻을 가진 글자에 쓰여. 이런 亞에 心이 결합해서 '나쁘다', '악하다' 등의 뜻을 나타내지. 또한 惡은 '미워하다'라고 할 때는 '오'라고 읽는다는 것도 알아 두자.

'악하다'의 상대되는 말은 '착하다'이고, 한자로는 착할 선(善)이라고 해. 선과 악은 때로는 홀로, 또 때로는 선악(善惡)처럼 어울려서 쓰이지. 선과 악은 사람의 행동을 도덕으로 이끌어 가는 두 축이라고 할 수 있어. 그래서 늘 선을 쌓고 악을 행하지 말라고 가르치지. 착한 일을 하면 착한 결과를, 나쁜 일을 하면 나쁜 결과를 가져온다고도 하고 말이야.

그렇다면 악은 어디에서 생기는 것일까? 내 생각에는 타고난 게 아니라 살아가면서 처하게 되는 나쁜 형편 때문인 것 같구나. 그 형편을 조금이라도 쉽게 벗어나고자 몸으로, 마음으로 몸부림치다 나쁜 일을 하게 되는 것이지. 쉽지는 않겠지만 그런 상황에서도 좋은 쪽으로 생각하도록 노력해 보자.

惡	부수 心
	총획 12획

一 丁 丌 丐 匜 匝 匝 亞 亞 惡 惡 惡

미운 정 고운 정
뜻 정

뜻 정(情)은 마음 심(心)과 푸를 청(靑)이 합쳐진 글자야. 우물과 풀처럼 맑고 푸른 것을 뜻하는 靑에 마음을 뜻하는 心이 결합하여 순수한 마음속에서 우러나오는 정을 나타내지.

우리 민족은 정이 많다고 해. 그런데 정을 한마디로 정의하기란 쉽지 않아. 정을 '사랑이나 친근감을 느끼는 마음'이라고 하는데 때로는 사랑이나 친근감을 넘어서거든.

어쨌든 정은 다른 대상과 관계를 맺을 때 이해타산을 생각하지 않고 순수하게 주고 싶은 마음이라고 할 수 있어. 그 대상이 누구든 말이야. 우리말의 정은 상대방과 오랜 시간 함께하면서 쌓인 감정의 교류가 바탕이 되지. 그래서 '미운 정 고운 정'이라는 말도 있는 게지!

물론 우리는 전혀 모르는 낯선 사람에게도 정을 베풀어. 이 경우에는 그 어떤 사람과 오랜 관계를 맺어서가 아니라 자신도 그와 비슷한 경우에 처한 적이 있었거나 그와 같은 형편이라서 공감할 수 있는 게 아닐까.

情	부수 忄(心)	丶 丶 忄 忄 忄 忄 情 情 情 情
	총획 11획	

모아 읽고 익히기
★★★

지금까지 배운 한자를 정리해 봐요.
( ) 안에 한자의 뜻과 소리를 써넣으세요.
그리고 이 한자가 들어간 단어들을 반복하여 읽으면서
완벽하게 익혀 보세요.

머리와 가슴으로 깊이 생각하다 ( )	思	思상, 思색, 思유, 思조, 思고力, 심思숙고, 역地思지
곱지 못한 나쁜 마음 ( )	惡	惡몽, 惡연, 증惡, 혐惡, 惡순환, 권선징惡, 惡전고투
미운 정 고운 정 ( )	情	情보, 情서, 감情, 人情, 서情시, 多情多감, 人지상情

'보일 시(示)'를 부수로 하는 글자들

이번 시간에는 '보일 시(示)'를 부수로 하는 글자들을 공부해 보자. 신에게 제사를 지내던 제단을 본뜬 示에 흙 토(土)를 더하면 땅의 신인 토지신, 단체나 회사(社) 등을 가리키고, 펼 신(申)을 더하면 귀신을 대표하는 글자(神)가 되지. 그리고 가득할 복(畐)을 더하면 행운 또는 행복(福)을 뜻하고, 제사용 그릇을 형상화한 풍(豊)을 더하면 예의나 예절 등을 나타내는 글자(禮)가 된단다. 示를 부수로 하는 글자가 많지?

제단의 모양을 본뜬
보일 시

보일 시(示)는 신 또는 귀신과 관련이 있는 글자야. 왜 그런지 궁금하지 않니? 옛날에 신에게 제사를 지낼 때 제물 등을 차려 놓은 제단의 모양을 본뜬 글자이거든. 또는 조상의 위패를 본뜬 글자로 보기도 해. 조상도 이미 돌아가신 분이니까 '귀신'이라고 볼 수 있겠지?

이렇게 정성껏 제단을 차리고 신이나 조상에게 복을 빌거나 화를 막아 달라고 기원했어. 그럼 신은 계시를 통해서 알려 주었지. 그래서 示가 부수로 쓰일 때는 '신'이나 '귀신', '길흉', '제사' 등을 나타내. 그리고 부수 모양을 '礻'로 쓰기도 한다는 사실을 기억해 두자.

示	부수 示	一 二 亍 示 示
	총획 5획	

토지의 신과 단체를 아우르는
토지신/단체 사

토지신/단체 사(社)는 보일 시(示)와 흙 토(土)가 합쳐진 글자야. 아주 옛날, 사람들이 모여서 마을을 이루고 땅을 일구어 먹고 살면서 땅이 가진 생산력을 신으로 모셔서 지역마다 토지의 신을 정했어. 그리고 정해진 날짜에 마을 사람들이 모여서 토지의 신에게 제사를 지내고 농사의 풍년을 빌었어. 신에게 제사를 지내려면 많은 사람들이 모이겠지. 그래서 社는 '모이다'라는 뜻을 갖게 되었어.

지금도 토지의 신을 모신 흔적이 남아 있어. 서울 사직공원에 사직단이 있는데, 토지의 신(社)과 곡식의 신(稷, 피 직)에게 제사를 지내던 곳이야. 임금이 있는 곳을 기준으로 왼쪽에 종묘, 오른쪽에 사직을 세운다는 고대 중국의 궁궐 배치 원리에 따라 경복궁 서쪽에 세웠던 것이지.

社의 유래를 찾다 보니 토지의 신, 곡식의 신에까지 이르렀는데, 지금은 그런 의미보다는 함께 어울려 같이 살아가는 무리의 모임이나 세상을 뜻하는 사회(社會), 영리를 목적으로 하는 사단법인인 회사(會社), 회사에 들어가는 입사(入社) 등의 의미로 더 많이 쓰인단다.

社	부수 示(礻)	一 丁 亍 示 示 社 社
	총획 8획	

'귀신'을 대표하는 글자
귀신 신

귀신 신(神)은 신비한 힘이나 신령을 대표하는 글자란다. 神은 제사 또는 제사 대상을 뜻하는 보일 시(示)와 번개가 내리치는 모습을 본뜬 펼 신(申)이 합쳐진 글자이지. 원래는 申이 단독으로 쓰였다고 해.

옛사람들은 번개가 신과 관련이 있다고 생각했어. 생각해 봐. 갑자기 하늘에서 번개가 요란하게 번쩍이는데 이것은 신과 같은 존재가 아니면 누가 할 수 있겠어! 고대 헬라스나 북유럽 신화에서도 최고신은 번개와 천둥, 벼락을 무기로 사용했어. 나중에 申이 '펴다'라는 뜻으로 쓰이면서 하늘의 힘, 빛을 뜻하는 示를 더해서 귀신이나 신령스러운 존재를 나타내는 지금의 글자가 되었어.

과연 신이나 귀신이 있을지 궁금하지 않니? 우리 주변에서 일어나는 온갖 자연재해가 신이 하는 일이라고 믿었던 시대를 지나 모든 현상을 인과 관계로 파악하고 합리적으로 설명하는 과학의 시대가 되었어. 이후 자연 현상에 대한 궁금증이 풀리고, 사람의 힘으로 제어할 수 있게 되면서 신이나 귀신과 같은 존재는 예전보다 덜 믿게 되었지. 그래도 좀 궁금하기는 하구나.

神	부수 示(礻) 총획 10획	一 ｜ ｜ 亍 示 示 和 和 神 神

최선을 다하면 복이 와요

복

복 복(福)은 보일 시(示)와 가득할 복(畐)이 합쳐진 글자야. 示는 제사를, 畐은 술이 가득 담긴 항아리를 나타내. 갑골문에는 제단에 술을 따르는 모습이 그려져 있는데, 신에게 제사를 지내는 것이라고 할 수 있어. 이렇게 음식과 술을 차려서 정성을 다해 제사를 지내면 하늘로부터 복을 받는다고 믿었던 것이지.

福은 삶에서 누리는 좋고 만족할 만한 행운 또는 거기서 얻는 행복을 이르는 말이야. 우리는 누구나 그런 행복을 얻고 싶어 하지. 그중에서 가장 얻고 싶은 다섯 가지 복을 오복(五福)이라고 해. 오래 살고, 재물이 넉넉하고, 건강하고, 덕이 많아 남에게 베풀고 또 인정을 받으며, 자기 할 일을 다 마치고 편안히 죽는 것이지.

그러나 복은 내가 얻고 싶다고 해서 얻을 수 있는 게 아니야. 어느 날 갑자기 하늘에서 뚝 떨어지는 것은 더더욱 아니지. 최선을 다해 노력했을 때 비로소 얻게 되는 값진 열매란다. 그리고 정해진 양이나 모양을 갖춘 그 무엇이 아니라 내가 느끼는 마음의 만족이라고 할 수 있지.

福	부수 示(礻)	一 ニ テ テ 示 示 示 祀
	총획 14획	祀 福 福 福 福

여전히 필요한 예의염치
예도 례 / 예

예도 례(禮)는 '예의'나 '예절', '인사' 등을 뜻하는 글자야. 禮는 원래 豊(례/풍)로 썼어. 제사에 쓸 곡식을 담아 놓은 그릇, 또는 곡식을 담아 놓고 신에게 바치는 모습을 그린 것이었지. 옛날에는 가을에 곡식을 수확하면 그릇에 담아 신에게 바쳤어. 한 해 농사를 잘 짓게 해 준 감사의 마음을 담아서 말이야. 그러다 보일 시(示)가 더해지면서 지금의 글자가 되었고, 豊은 '풍성하다'라는 뜻으로 쓰이게 되었지.

동양에서는 예를 매우 중요하게 생각했어. 우리나라에서는 나라에서 다섯 가지 의례를 정해 두었어. 이것을 오례(五禮)라고 해. 제사, 상례와 장례, 군사 의례, 손님 접대, 혼인 등이 그것이지. 그리고 사람이 태어나서 일생을 살아가면서 거치는 과정을 통과의례(通過儀禮)라고 하는데 우리 전통 사회에서는 관혼상제를 들 수 있지.

지금 우리는 과거의 의례와 예법을 다 알 필요는 없어. 요즘 시대에 맞지 않는 것도 있고 말이야. 그래도 우리 조상들이 중요하게 생각했던 예의염치(禮義廉恥)는 좀 알았으면 좋겠구나.

禮	부수 示(礻)
	총획 18획

모아 읽고 익히기
★★★

지금까지 배운 한자를 정리해 봐요.
( ) 안에 한자의 뜻과 소리를 써넣으세요.
그리고 이 한자가 들어간 단어들을 반복하여 읽으면서
완벽하게 익혀 보세요.

뜻과 소리	한자	단어
제단의 모양을 본뜬 ( )	示	示범, 과示, 암示, 예示, 訓示, 게示판, 염화示중
토지의 신과 단체를 아우르는 ( )	社	社交, 社설, 社長, 결社, 퇴社, 會社원, 종묘社직
'귀신'을 대표하는 글자 ( )	神	神경, 神童, 神話, 귀神, 정神, 神出귀몰, 天우神조
최선을 다하면 복이 와요 ( )	福	福권, 축福, 幸福, 福不福, 길흉화福, 福지社會, 전화위福
여전히 필요한 예의염치 ( )	禮	禮절, 순禮, 실禮, 상見禮, 숭禮門, 극己복禮, 인의禮지

은혜에 보답하는 것은 인지상정

자식이 늙은 부모를 등에 업으면 효도(孝)이고, 손에 붓을 들면 글(書)을 쓰는 것이지. 눈을 크게 뜨고 옥을 바라보면 나타나 보이고(現), 죽간으로 글을 주고받으면 답(答)을 하는 거야. 옛날에는 산가지로 숫자를 세고 계산을 했어(算).
어른을 섬기고, 글을 쓰고, 드러내 보이고, 답을 하고, 계산을 하는 뜻을 가진 글자를 공부하면서 한자 속으로 더 깊이 고고!

자식이 늙은 부모를 등에 업으니
효도 효

효도 효(孝)는 늙을 로(耂. 老의 생략형)와 아들 자(子)가 합쳐진 글자야. 마치 자식이 늙은 부모를 등에 업고 있는 것처럼 보이네. 그런데 옛날 글자를 보면 흰머리의 노인과 아이가 어울리는 모습으로도 표현했어. 자식이 늙은 부모를 등에 업든 노인과 아이가 어울리든, 부모나 조상을 잘 모시는 것이 효의 기본임을 말하는 것 같아.

나라나 시대에 따라 중요하게 여기는 덕목이 달랐어. 효 또는 효도(孝道)라는 개념도 많이 바뀌어 왔지. 그러나 부모가 자식을 사랑하고 자식이 부모를 정성껏 섬기는 일은 변하지 않았어. 이것이 바로 효의 근본정신이라고 할 수 있어. 부모나 돌아가신 조상에게 제사를 올리는 마음도 효의 관념이 발전한 거야. 종교도 사람이 가진 부모와 조상을 기리는 마음에서 나온 것이라고 할 수 있지.

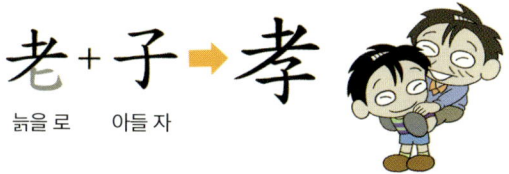

孝	부수 子	一 十 土 耂 耂 考 孝
	총획 7획	

84 書

글씨는 마음의 그림

글 서

원래 이 글자는 손에 붓을 쥐고 있는 모습을 본뜬 거라고 해. 붓(聿, 붓 율)을 들어 먹물이 담긴 그릇(曰, 가로 왈)에 콕 찍고 있는 모습이지. 여기서 曰은 '말하다'가 아니라 그릇이나 용기가 변한 것으로 봐야 해. 먹물을 담은 그릇이라면 벼루라고 할 수 있겠지. 옛날에는 벼루에 먹을 갈아 거기에 붓을 적셔서 글을 썼단다.

글 서(書)가 '글'이나 '글자', '책', '쓰다' 등을 의미하다 보니 글이나 글을 쓰는 것과 관련한 글자에 두루 쓰이지. 그림, 글씨, 책 따위를 통틀어 도서(圖書), 책을 읽는 일은 독서(讀書), 책을 보관하는 건물은 도서관(圖書館) 등으로 말이야.

예전에는 관리를 뽑을 때 네 가지를 보았다고 해. 이것을 신언서판(身言書判)이라고 하는데 용모, 말씨, 글씨, 판단력이야. 그중에서 글씨(書)는 그 사람의 성격이나 지식 정도를 파악하는 데 중요한 기준이었어. 처음 글씨를 배울 때 획을 반듯반듯하게 써야 자라서도 매사를 반듯하게 행할 수 있다고 보았지. '글씨는 마음의 그림'이라고 하니 정성을 다해 또박또박 쓰도록 하자.

| 書 | 부수 曰 | ㄱ ㄱ ㅋ 글 글 聿 聿 書 書 書 |
| | 총획 10획 | |

눈을 크게 뜨고 옥을 바라보다
나타날 현

나타날 현(現)은 구슬 옥(玉)과 볼 견(見)이 합쳐진 글자야. 여기서 눈여겨볼 것은 부수인 玉이야. 글자 모양을 보면 임금 왕(王)처럼 보이지만 사실은 구슬을 뜻하는 글자란다. 원래 두 글자가 비슷해서 玉에 점을 찍어서 구분을 했어. 이것은 1권에서 이미 공부했어.

이처럼 現은 눈을 크게 뜨고 옥을 바라보는 모습을 본떠 만든 글자이지. 옥을 다듬으면 그 모양이 드러나 빛을 내듯이 어떤 사물이 모습을 드러내는 것을 나타낸다고 할 수 있어.

現은 생각이나 느낌을 겉으로 드러내는 것을 뜻하는 표현(表現), 인간이 지각할 수 있는 사물의 모양과 상태인 현상(現象), 현재 실제로 존재하는 사실이나 상태인 현실(現實) 등 '나타나다'라는 뜻으로 많이 쓰여. 그리고 이미 지나간 날이나 앞으로 올 날이 아니라 바로 지금의 시간을 현재(現在)라고 하지?

나에게 미래는 아직 오지 않았고 과거는 이미 지나갔으니 오직 지금 이 순간을 살아갈 뿐이지? 그러니 지금 바로 이 순간을 열심히 살도록 하자.

現	부수 玉	一 二 Ŧ 王 玌 玏 玌 現 珇 現 現
	총획 11획	

답을 하는 것은 인지상정이지
답할 답

이번에 공부할 글자는 답할 답(答)이야. 부수인 대 죽(竹)에 합할 합(合)이 더해졌어. 옛날에 종이가 발명되기 전에는 대나무 쪽(죽간)에 글자를 새겨서 의사소통을 했어. 이처럼 죽간으로 글을 주고받는다는 데서 '답하다'라는 뜻이 나왔어.

또는 대나무를 모아 엮어서 울타리를 고치는 데서 나왔다고도 해. 고치는 것은 문제에 반응하는 것이지. 반응을 한다는 것은 곧 대답을 한다는 뜻이야.

묻고 답하는 일을 문답(問答)이라고 해. 편지를 받으면 답장(答狀)을 쓰지? 시험을 보면 정답(正答)을 찾아야 하고 말이야. 그리고 남에게 은혜를 입으면 보답(報答)하는 것이 인지상정이야. 우리가 부모님 은혜에 보답하는 길은 열심히 공부하는 것이겠지!

숫자를 세어 봐
셀 산

우리는 2권에서 숫자에 대해 배울 때 산가지(算木, 산목)로 계산을 한다고 했어. 한 일(一), 두 이(二), 석 삼(三) 같은 글자가 어떻게 생겨났는지 다시 한번 떠올려 보면 쉽게 이해가 될 거야.

셀 산(算)에서 부수로 쓰인 대 죽(竹)은 바로 이 산가지를 뜻하는 글자이지. 여기에 갖출 구(具)가 더해져서 '세다', '셈', '계산', '수' 등을 뜻하는 글자가 만들어졌어.

지금은 초등학생이 배우는 수의 기초를 다룬 학과목을 수학이라고 하지만 예전에는 산수(算數)라고 했어. 수를 헤아리는 것은 계산(計算), 머릿속으로 계산하는 것은 암산(暗算), 그리고 덧셈·뺄셈·곱셈·나눗셈을 이용하여 하는 셈은 사칙연산(四則演算)이라고 하지.

다 잘되어 가던 일이 막판에 뒤틀리는 것을 '산통이 깨지다', 또 그렇게 하는 일을 '산통을 깨다'라고 해. 산통(算筒)은 산가지를 넣은 통이야. 점쟁이는 이 산통에 든 산가지로 점을 쳤는데, 점괘가 마음에 들지 않으면 의뢰한 사람은 그 산통을 던져서 엉망으로 만들기도 했나 봐.

算	부수 ⺮(竹)	丿 ㇏ ⺮ ⺮ ⺮ ⺮ ⺮ 筲 筲
	총획 14획	筲 筲 筭 算 算

모아 읽고 익히기

지금까지 배운 한자를 정리해 봐요.
( ) 안에 한자의 뜻과 소리를 써넣으세요.
그리고 이 한자가 들어간 단어들을 반복하여 읽으면서
완벽하게 익혀 보세요.

자식이 늙은 부모를 등에 업으니 ( )	孝	孝성, 孝心, 孝子, 不孝, 충孝, 孝行록, 不孝不충
글씨는 마음의 그림 ( )	書	書예, 書적, 讀書, 비書, 이력書, 大書특필, 분書갱유
눈을 크게 뜨고 옥을 바라보다 ( )	現	現金, 現實, 現場, 구現, 표現力, 現代人, 白化現상
답을 하는 것은 인지상정이지 ( )	答	答변, 答信, 대答, 答안紙, 선問答, 묵묵不答
숫자를 세어 봐 ( )	算	算數, 연算, 예算, 電算, 淸算, 환算, 계算기

나는 호모 파베르, 도구를 사용해

인간이 동물과 다른 특징 가운데 하나는 물건이나 연장을 만들어 사용할 줄 안다는 거야. 도구를 쓰는 점에서 다른 동물과 다르다는 뜻으로 사람을 가리킬 때 '호모 파베르'라고 해.

이번에는 호모 파베르다운 인간의 특징인 쓰고(用), 도끼로 물건을 쪼개고(成), 두 손으로 매듭을 묶고(學), 매듭 묶는 법을 가르치고(敎), 속이 빈 막대처럼 곧게 뻗은 길을 가는(通) 뜻을 가진 글자를 공부해 보자.

목적한 바를 이루다

이룰 성

옛날 글자 모양은 창을 들고 성을 지키는 모습이었다고 해. 이렇게 성을 지켜서 적을 굴복시켜 일을 마무리 지었지. 또는 도끼로 물건을 쪼개는 모습이라고 해. 예전에는 무슨 일을 함께하기로 맹세할 때 물건을 쪼개 나누어 가졌대. 그리고 그 일을 마치면 쪼개진 물건을 맞추어 보면서 처음 맹세를 다시금 확인했어. 이룰 성(成)에는 이렇게 일이나 맹세가 이루어진다는 의미가 담겨 있어.

무슨 일이든 일단 시작하면 끝까지 가 봐야 해. 도중에 그만둔다면 안 하느니만 못하지. 목적하는 바를 이룬 것을 성공(成功)이라고 하고, 완전히 다 이룬 것을 완성(完成)이라고 하지.

成   부수 戈   총획 6획   ノ 厂 厂 成 成 成

쓰임새가 많은

 용

쓸 용(用)은 '쓰다'나 '부리다', '일하다', '도구' 등의 뜻을 가진 글자야. 글자의 유래에 대해서는 여러 가지 해석이 있어. 종이나 점을 치는 도구를 그린 것이라고 해. 또는 나무통을 나타낸 것이라고도 하지. 그런데 글자의 쓰임을 보면 나무통에 가까운 것 같아. 어떤 해석이든 가져다 쓰는 것을 나타내지.

사람은 동물과 다른 점이 많지만 특히 물건을 만들고 연장을 쓰는 점이 아주 다르지. 이를 호모 파베르(Homo faber)라고 해. 물론 까치나 까마귀, 침팬지나 고릴라와 같이 머리가 좋은 몇몇 동물도 도구를 사용할 줄은 알아. 그러나 자연에 있는 것을 가져다 쓰는 아주 단순한 방법이지. 반면에 인간은 머리를 써서 일하려는 목적에 맞게 도구를 만들어서 사용해.

일정한 목적이나 기능에 맞게 쓰는 것을 사용(使用)한다고 하고, 즐겨 쓰는 것은 애용(愛用)이라고 하지. 신용(信用)은 믿고 쓴다는 것이고, 유용(有用)은 쓸모가 있다는 뜻이야. '용돈'이라고 할 때 '용'도 바로 이 쓸 용(用)을 쓴단다.

用	부수 用	ノ 几 月 月 用
	총획 5획	

배우고 또 배우면

우리에게 익숙한 글자 중 하나란다. 학교, 학생, 방학, 학문 등 배울 학(學)이 들어가는 글자는 아주 많아. 먼저 이 글자가 어떻게 만들어졌는지 살펴볼까?

집(宀) 안에서 아이(子)가 두 손(臼)으로 매듭 묶는(爻) 법을 배우고 있는 모습을 본떴다고 해. 아이가 배우는 내용에 대해서는 그물을 엮는 기술, 지붕을 이는 기술, 산가지로 셈하는 방법, 점치는 방법 등 여러 설이 있어. 글자만큼 풀이도 좀 복잡하지? '배우다'라는 뜻을 가진 글자를 만들기 위해서 이렇게 다양한 글자들을 조합했어.

거미는 배우지 않아도 멋진 거미줄을 칠 줄 알고, 곤충도 스스로 완벽한 고치를 짓지. 하지만 인간은 누군가로부터 배우고 또 스스로 부단히 학습해야 자신이 원하는 것을 만들어 낼 수 있어.

學은 우리가 학교에서 공부하는 것처럼 배움과 관련한 글자에 두루 쓰여. 그 외에 '모방하다', '설명하다', '학문', '학자', '가르침' 등의 뜻도 가지고 있지.

學	부수 子
	총획 16획

91

教

가르치면서 배우다

가르칠 교

앞에서 배운 배울 학(學)의 반대되는 글자라고 할 수 있어. 배우는 일은 가르치는 일의 반대이니까. 學에서 글자 풀이를 하듯 해 보자면, 가르칠 교(教)는 매(攵=攴)를 들어 매듭 묶는(爻) 법을 아이(子)에게 가르치는 모습이라고 할 수 있어.

사람은 배우지 않으면 세상을 살아가기가 참 힘들어. 자기 삶을 아름답게 가꾸어 나가기는 더더욱 어렵지. 따라서 한 사람을 가르쳐서 어엿한 어른으로 살게 하는 선생님은 매우 중요한 존재야. 그래서 동서고금을 막론하고 선생님이 존경을 받는 것인지도 몰라.

앞에서 배우는 것과 가르치는 것은 반대라고 했는데, 이것이 늘 맞는 말은 아니야. 교학상장(教學相長)이라는 말이 있어. 가르침과 배움은 서로 보완하는 관계라는 뜻이지. 우리도 가르치고 배우면서 함께 성장해 볼까?

教	부수 攵(攴)	
	총획 11획	

92

소통은 쉽지 않아

통할 통

쉬엄쉬엄 갈 착(辶)에 길 용(甬)이 더해진 글자야. 辶은 '가다'를 의미하고, 甬은 '대롱 통'으로도 읽는데 대롱은 속이 빈 막대를 가리키지. 따라서 통할 통(通)은 속이 빈 막대처럼 곧게 뻗은 길을 가는 것을 의미한단다.

길이 곧게 뻗어 있으면 걷기가 한결 쉬울 거야. 그리고 어디든 갈 수 있겠지. 그렇게 길을 따라 가면 어디론가 통하게 되어 있고, 이웃집, 이웃 마을, 그리고 멀리 다른 지역과도 왕래할 수 있어.

요즘은 소통(疏通)이라는 말을 많이 해. 소통은 뜻이 서로 통하여 오해가 없다는 뜻이야. 생각이나 뜻이 서로 통하는 것을 의사소통이라고 하지. 사람은 일상생활에서 상대방과 소통을 잘해야 하고, 어떻게 하면 소통을 잘하는지를 알려 주는 방법도 많아. 그만큼 소통이 쉽지 않다는 의미이겠지?

내가 생각하는 소통의 비법을 알려 줄까? 내 말을 앞서 주장하기보다는 상대방의 말을 귀 기울여 들어 주는 거야. 어때, 소통하는 것이 어렵지 않지?

| 通 | 부수 辶(辵) | マ マ マ 丹 丹 丹 甬 甬 涌 |
| | 총획 11획 | 涌 通 |

모아 읽고 익히기

지금까지 배운 한자를 정리해 봐요.
( ) 안에 한자의 뜻과 소리를 써넣으세요.
그리고 이 한자가 들어간 단어들을 반복하여 읽으면서
완벽하게 익혀 보세요.

목적한 바를 이루다 ( )	成	成공, 成分, 成적, 구成, 찬成, 大기만成, 어不成설
쓰임새가 많은 ( )	用	用도, 비用, 응用, 채用, 活用, 用不用설, 利用후生
배우고 또 배우면 ( )	學	學습, 學원, 유學, 진學, 學자金, 박學多식, 수學여行
가르치면서 배우다 ( )	教	教사, 教양, 教육, 教탁, 教訓, 유教, 종教
소통은 쉽지 않아 ( )	通	通信, 通장, 通역, 변通, 소通, 융通성, 四通八달

작용이 있으면 반작용도 있다

이번 시간에는 우리의 행동과 관련된 한자를 공부해 보자. 그중에서도 잃거나 뒤집거나 쫓거나 쏘는 것을 뜻하는 글자들 말이야.
때로는 손에 든 물건을 놓치기도 하고(失), 손바닥 뒤집듯이 결과를 바꾸기도 해(反). 또 때로는 산짐승의 뒤를 쫓아 언덕을 오르고(追), 화살을 쏘아(發) 적을 물리치기도 하지.
자, 잠시 호흡을 가다듬고 시끌벅적 일상 속으로 들어가 보자.

손에 든 물건을 놓치다
잃을

잃을 실(失)은 손(手)에 든 물건을 놓치는 모습에서 가져왔다고 해. 손에 든 물건을 놓친다는 것은 곧 떨어뜨려서 잃어버렸다는 뜻으로도 풀이할 수 있어.

失은 '잃다', '잘못하다'는 의미로 주로 쓰여. '잃다'라는 의미로 쓰이는 말은 희망을 잃는 실망(失望), 일을 잃는 실업(失業), 자격을 잃는 실격(失格), 기회를 잃는 실기(失機) 등이 있고, '잘못하다'라는 의미로 쓰이는 말은 실수로 잘못 말한 실언(失言), 일을 잘못하여 뜻한 대로 되지 않은 실패(失敗) 등이 있어.

우리는 자라면서 많은 실수를 해. 하지만 그 실수를 통해서 지혜를 얻지. 그러니 어떤 일을 할 때 지레 걱정하여 포기하지 말고 일단 해 보도록 하자. 그래야 자신이 그 일을 할 수 있는지를 알게 될 거야.

失	부수 大	′ 一 一 失 失
	총획 5획	

손으로 바위를 뒤집듯
뒤집을 반

뒤집을 반(反)은 기슭 또는 벼랑을 뜻하는 기슭 엄(厂)에 손을 나타내는 또 우(又)가 합쳐진 글자야. 손으로 기슭에 있는 바위 같은 것을 잡고 오르거나 또는 바위를 밀어서 넘어뜨린다는 의미로 풀이할 수 있어. '뒤집다' 외에 '돌아오다', '배반하다', '거스르다' 등 무언가에 반하는 뜻으로 쓰이지.

자연에서 일어나는 모든 일은 정면이 있으면 반면이 있고, 작용이 있으면 반작용이 있어. 하루는 스물네 시간으로 변함이 없어. 그래서 낮이 길어지면 밤이 짧아지고, 낮이 짧아지면 밤이 길어지지. 그뿐만이 아니야. 산에서 소리를 지르면 메아리가 되어서 돌아오고, 햇빛이 유리창에 부딪히면 빛이 반사(反射)되지.

옛사람은 자기 수양을 위해 날마다 세 가지 반성(反省)을 했다고 해. 남을 위해 무슨 일을 할 때 충직하게 하지 않았는지, 벗과 사귀면서 신뢰를 잃지 않았는지, 전해 받은 가르침을 익히지 않았는지를 말이야. 이를 일일삼성(一日三省)이라고 한단다. 우리도 잠들기 전 하루 일을 반성해 보는 것은 어떨까?

| 反 | 부수 又
총획 4획 | ノ 厂 厂 反 |

과거의 기억을 떠올리는 것도
쫓을 

쫓을 추(追)는 쉬엄쉬엄 갈 착(辶)과 언덕 부(阜)가 합쳐진 글자로 적의 뒤를 쫓다는 뜻을 나타내. 갑골문에는 辶 대신 발 지(止)와 阜가 그려져 있어. 적이나 산짐승의 뒤를 쫓아 언덕을 올라간다는 의미인 것이지.

이렇듯 追는 '뒤쫓다'라는 의미로 주로 쓰여. 사람이나 동물의 뒤를 쫓는 것은 물론 흘러간 시간을 돌이켜서 과거의 기억을 다시 떠올려 볼 수도 있어. 지나간 일을 돌이켜 생각하는 추억(追憶), 죽은 사람을 그리며 생각하는 추모(追慕)처럼 말이야.

'쫓다'와 '좇다'를 구분할 줄 아니? 헷갈리기 쉬우니 다시 익혀 두도록 하자. '쫓다'는 적의 뒤를 따르거나 새를 몰아내거나 졸음을 물리칠 때처럼 물리적 이동이 있을 때 쓰는 말이야. 반면에 '좇다'는 목표, 이상, 행복 따위를 추구하거나 남의 말이나 뜻을 따르거나 눈여겨보거나 눈길을 보낼 때 쓰지.

다시 말해 그 행위를 하기 위해 물리적 이동이 있으면 '쫓다', 없으면 '좇다'로 구분해서 쓰면 된단다.

追	부수 辶(辵)	′ 丨 冫 冖 冃 阝 ㇀追 追 追 追
	총획 10획	

한자 정복을 위해 출발

쏠 발

쏠 발(發)은 원래 활시위를 당겨서 화살을 쏜 뒤 시위가 흔들리는 모습을 본뜬 것이라고 해. 활이나 총을 쏘면 화살이나 총알이 세차게 앞으로 나아가지. 이처럼 이 글자는 무언가가 기세 좋게 앞으로 나아가는 모습, 힘차게 펼쳐지는 모습 등을 뜻하는 말에 쓰인단다.

활이나 총을 쏘는 일을 발사(發射)라고 하고, 그렇게 쏘아 다 맞히는 것을 백발백중(百發百中)이라고 하지. 백 번 쏘아 백 번 맞힌다는 뜻이야. 사물이나 형편이 더 나은 상태로 나아가는 것을 발전(發展)이라 하고, 우리 몸이나 정서, 지능 등이 성장하는 것을 발달(發達)이라고 하지. 학문, 기술, 사회의 수준이나 정도가 더 나아지는 것도 발달이라고 해.

기세 좋게 활시위를 떠난 화살처럼 우리도 한자 정복을 위해서 힘차게 나아가야겠지? 자, 출발~!

| 發 | 부수 癶 | ㄱ ㅋ ㅋ' ㅋ'' 癶 癶 癶 發 發 發 發 發 |
| | 총획 12획 | |

모아 읽고 익히기

지금까지 배운 한자를 정리해 봐요.
( ) 안에 한자의 뜻과 소리를 써넣으세요.
그리고 이 한자가 들어간 단어들을 반복하여 읽으면서
완벽하게 익혀 보세요.

손에 든 물건을 놓치다 ( )	失	失망, 失소, 失手, 失패, 과失, 利해득失, 早失父母
손으로 바위를 뒤집듯 ( )	反	反대, 反복, 反사, 反전, 反향, 反비례, 적反하장
과거의 기억을 떠올리는 것도 ( )	追	追구, 追신, 追억, 追적, 追도사, 追가시험, 追경예算
한자 정복을 위해 출발 ( )	發	發아, 發行, 개發, 분發, 發電기, 휘發유, 노發大發

157

나와 가까운 사람은 누구일까?

이 책의 마지막 단원이구나. 처음 책을 시작할 때 한자 공부가 쉽고 재미있다는 사실을 아는 것만으로도 공부의 절반은 한 셈이라고 했어. 기억나니? 어떤 글자는 쉽고 또 어떤 글자는 어려웠을 거야. 어려운 한자를 만나면 그만 포기하고 싶었을지도 몰라. 그런데도 여기까지 함께 와 주어서 정말 고맙구나.
지금까지 배운 한자 300자를 바탕으로 더 깊고 넓은 한자의 세계 속으로 들어가 보자.

악기와 줄을 본뜬
풍류 악 / 즐길 락 (낙)

우리는 기쁜 일이 있을 때 노래를 하지. 노래할 때 입으로만 부르는 것이 아니라 손을 젓고 발을 구르기도 해. 때로는 물건을 두드려서 장단을 맞추기도 하지. 이렇게 장단을 맞출 때 그 간격이 조금씩 빨라지기도 하고 느려지기도 하면서 리듬이 만들어지는데 이렇게 해서 음악이 생겨났어.

음악을 뜻하는 풍류 악(樂)은 원래 나무 목(木)에 실 사(絲)를 합친 글자로, 실을 튕겨 소리를 내는 악기와 줄을 본뜬 것이라고 해. 아마도 거문고 같은 현악기 모양이었을 거야.

樂은 쓰임새가 많은 글자야. 음악이나 악기를 뜻할 때는 '악'으로 읽지만 음악이 주는 즐거움을 나타낼 때는 '락(낙)'으로 읽어. 그리고 '좋아하다'라는 뜻일 때는 '요'라고 읽어. 산과 물을 즐기고 좋아하는 것은 요산요수(樂山樂水)라고 하지.

樂	부수 木	′ ′ ή ή 白 伯 幻 幻 幻
	총획 15획	絲 絲 樂 樂 樂 樂

98 親

나와 친한 사람은 누구?

친할/어버이 친

친할/어버이 친(親)은 볼 견(見)에 매울 신(辛)의 변형자, 나무 목(木)이 결합한 글자야. 나무(木)를 가까이 다가가 보다(見)라는 의미에서 '친하다', '가까이하다'라는 뜻이 되었어.

그럼 나와 가장 가까운 사람, 가장 가까이하고 친해야 할 사람은 누구일까? 바로 아버지와 어머니가 아닐까? 그래서 親이라는 글자로 부모를 나타내게 되었어. 한자로 아버지는 부친(父親)이라고 하고 어머니는 모친(母親)이라고 해. 그리고 부모 두 분을 함께 가리켜서 양친(兩親)이라고 하지.

또한 접두사로서 친족 관계를 나타내는 일부 명사 앞에 붙어서 그 관계를 더욱 가깝게 만들어. 예를 들어 친부모, 친형, 친동생, 친언니처럼 말이야. 더 나아가 친척(親戚)과 같이 혈연으로 맺어진 관계를 가리키기도 해.

아 참, 친구(親舊)를 잊을 뻔했네. 글자 그대로 가깝게 오래 사귄 사람을 친구라고 해. 내 옆에 그런 친구가 있다면 소중히 여기고 친하게 지내도록 하자.

親	부수	見
	총획	16획

丶 亠 立 立 产 产 辛 辛 亲 亲 新 新 新 新 親 親

강물이 흘러 흘러
길 영

길 영(永)은 계곡에서 흘러내린 물이 여러 갈래로 뻗어 가는 모습을 본뜬 글자야. 물줄기는 합쳐지고 나뉘면서 더 큰 물이 되어 멀리 흘러가. 또는 물에서 헤엄치는 사람의 모습을 본떴다고도 해. 나중에 永이 '길다'라는 뜻이 되면서 원래의 '헤엄치다'라는 뜻을 나타내기 위해 삼수변을 더해서 헤엄칠 영(泳)을 만들었어.

옛날 사람들이 보기에 강물만큼 긴 것이 없었을 거야. 그래서 길게 흐르는 강물을 본뜬 永을 넣어서 글자를 만들었어. 영원(永遠)은 어떤 상태가 끝없이 이어지는 것이고, 영영(永永)은 영원히 언제까지나를 뜻하며, 영주(永住)는 한곳에 오래 사는 것을 일컫지. 그리고 사람 이름을 지을 때도 오래 살라는 뜻을 담아 永이라는 글자를 넣기도 했단다.

永	부수 水	` 亅 汀 永 永
	총획 5획	

둥글둥글 원만하게 지내 보자

'둥글다', '원만하다'라는 뜻을 가진 글자야. 모나지 않고 둥글둥글 하다는 말이지. 둥글 원(圓)은 에울 위/나라 국(口)에 수효 원(員)이 더해졌어. 員은 갑골문에 보면 둥근 솥이 그려져 있는데 이것으로 둥글다는 뜻을 나타냈지. 그러다 員이 '수효'라는 뜻으로 쓰이면서, 口를 더해 '둥글다'라는 글자인 圓을 만들었어.

옛사람들은 원을 세상에서 가장 완전한 도형이라고 생각했어. 태양도, 달도, 지구도 그 자체로 둥글고, 또 달은 지구를, 지구는 태양 주위를 원을 그리며 돌고 있지. 둥근 보름달을 보면 어느 한쪽으로 치우침이 없고 모자람 없이 원만하지? 사람의 성격도 모난 데가 없이 부드럽고 너그러운 것을 원만하다고 해. 원만(圓滿)은 '성취'나 '완성'을 뜻하는 불교 용어였는데 지금은 주로 성격이 좋다는 의미로 쓰이지.

우리나라 돈의 단위도 圓이야. 대부분의 나라에서 동전이 원 모양인데, 왜 그런 줄 아니? 모나지 않아서 손으로 잡기 좋고 떨어뜨려도 모양이 쉽게 변하지 않기 때문이래.

圓	부수 口	丨 冂 冂 冂 冂 冂 冋 冋 冐
	총획 13획	冐 冐 圓 圓

모아 읽고 익히기

지금까지 배운 한자를 정리해 봐요.
( ) 안에 한자의 뜻과 소리를 써넣으세요.
그리고 이 한자가 들어간 단어들을 반복하여 읽으면서
완벽하게 익혀 보세요.

악기와 줄을 본뜬 ( )	樂	樂曲, 樂기, 國樂, 농樂, 오樂, 군樂대, 희로애樂
나와 친한 사람은 누구? ( )	親	親구, 親목, 親절, 先親, 절親, 父子有親, 一家親척
강물이 흘러 흘러 ( )	永	永겁, 永구, 永면, 永生, 永결식, 永구치, 永遠不멸
둥글둥글 원만하게 지내 보자 ( )	圓	圓반, 圓주, 圓탁, 圓形, 圓활, 同心圓, 圓주율

한자 공부를 왜 계속 해야 할까?

찾아보기 (가나다 순)

노래 가 歌 104	수레 거/차 車 18	서울 경 京 43	옛 고 古 74	공변될 공 公 71
과목 과 科 25	가르칠 교 教 149	사귈 교 交 65	고을 군 郡 46	기록할 기 記 121
답할 답 答 142	대신할 대 代 108	법도 도 度 23	칼 도 刀 36	읽을 독 讀 124
골짜기 동 洞 52	오를 등 登 67	예도 례/예 禮 136	늙을 로/노 老 79	초록빛 록 綠 93
마을 리 里 51	이로울/날카로울 리/이 利 38	설 립 立 64	글월 문 文 15	아름다울 미 美 78
뒤집을 반 反 154	쏠 발 發 156	병 병 病 80	복 복 福 135	옷 복 服 40
거느릴 부 部 33	나눌 분 分 37	모래 사 沙 98	사사 사 私 72	생각할 사 思 127
실 사 絲 90	역사 사 史 31	일 사 事 24	절 사 / 관청 시 寺 53	죽을 사 死 81
토지신/단체 사 社 133	하여금/시킬 사 使 116	셀 산 算 143	글 서 書 140	실 선 線 91
이룰 성 成 146	때 시 時 19	보일 시 示 132	저자 시 市 44	밥 식 食 102

166

귀신 신	믿을 신	새 신	넉넉할/열매 실	잃을 실
神 134	信 109	新 73	實 26	失 153
악할 악	풍류 악/즐길 락(낙)	말씀 언	길 영	따뜻할 온
惡 128	樂 159	言 120	永 161	溫 99
날랠 용	쓸 용	근원 원	둥글 원	으뜸/머리 원
勇 85	用 147	原 30	圓 162	元 29
마실 음	고을 읍	옷 의	들 입	글자 자
飮 103	邑 45	衣 39	入 58	字 16
지을 작	글 장	마당 장	재주 재	온전할 전
作 110	章 17	場 54	才 84	全 32
뜻 정	바를 정	정할 정	살 주	종이 지
情 129	正 77	定 68	住 115	紙 92
모일 집	맑을 청	쫓을 추	날 출	친할/어버이 친
集 60	淸 96	追 155	出 57	親 160
통할 통	조개 패	편할 편	배울 학	합할 합
通 150	貝 22	便 117	學 148	合 59
갈 행	다행 행	나타날 현	될 화	말할 화
行 66	幸 87	現 141	化 107	話 122
화할 화	살 활	모일 회	효도 효	가르칠 훈
和 86	活 97	會 61	孝 139	訓 123

술술 읽고 척척 쓰는
초등 마법의 한자책 ❸

1판 1쇄 펴낸날 2024년 6월 26일

글 김태완
그림 권달
책임 편집 한미경
디자인 구민재page9, 이원우
마케팅 강유은
제작·관리 정수진
인쇄·제본 (주)성신미디어
펴낸이 정종호
펴낸곳 (주)청어람미디어
등록 1998년 12월 8일 제22-1469호
주소 04045 서울특별시 마포구 양화로 56, 1122호
전화 02-3143-4006~8
팩스 02-3143-4003
이메일 chungaram_media@naver.com
홈페이지 www.chungarammedia.com
인스타그램 www.instagram.com/chungaram_media

ISBN 979-11-5871-256-3 74700
       979-11-5871-253-2 세트

잘못된 책은 구입하신 서점에서 바꾸어 드립니다.
값은 뒤표지에 있습니다.